JN199161

取引先を“稼ぐ企業”に変える方法教えます！

知恵で利益を生み出す取引先支援の極意

小出宗昭
Koide Muneaki

近代セールス社

はじめに　～ひとを、企業を、地域を元気にする金融マンになるために

地域金融機関のみなさん。いまこそ原点に立ち返り、本来の使命である取引先企業の支援のために知恵を絞りましょう――。

本書を通じて私が伝えたいこと、それはこのひとことに尽きます。

もちろん、こんなことは、私があらためて言うまでもないことかもしれません。この本を手にとってくださったみなさんは、地域のためになる仕事がしたい、地域の人たちの役に立ちたいという高い志のもとに金融機関で働くことを選んだのだと思いますから。

ただ、いま現在、みなさんは、本当にそうした仕事をやり切れていると心から言えるでしょうか。そう言い切れる人は、決して多くないように思います。

いま、地域金融機関のあり方については、たいへん厳しい目が向けられています。

「顧客企業の事業内容や将来性を見極めようとせず、担保・保証主義に走って、財務状態のいい、貸しやすい企業にしか融資をしない」

「地域の企業を育てるという地域金融機関として果たすべき役割を果たせていない」

そうした状況に対して金融庁も、役割を果たせない金融機関は市場から消えてもらったほうがいい、というスタンスを明確に示すようになっています。

地域の企業の支援にどれだけ本気で取り組めるかは、各金融機関の今後の存続にもかかわる問題でもあるのです。


地域に密着し、地元企業の経営をサポートする。そのために金融機関ができることは融資だけではありません。

当面の資金が足りないだけなら、必要資金を融資すれば問題は解決するでしょう。しかし、企業が抱える経営問題というのはそう単純ではありません。そもそも、融資したお金が生きた形で使われるという確証がなければ、金融機関はお金を貸すことはできないわけです。

もちろん融資も大切ですが、それを受ける前提という意味からも、中小企業や小規模事業者の多くが本当に必要としているのは、それぞれの経営課題を克服し、経営を上向かせる知恵と工夫だと言えるでしょう。

金融庁が発表した「金融仲介機能のベンチマーク」を見ると、「取引先の本業支援」に関する項目がいくつも出てきます。その定義は「企業の売上向上や製品開発等企業価値向上に資する支援」ということだそうです（金融庁「金融仲介機能のベンチマークの定義集」より）。

この言葉を借りれば、まさに**「取引先の本業支援」のために知恵と工夫を提供する取組みが、地域金融機関に求められているる**ということだと思います。

私は現在、「富士市産業支援センター（通称ｆ－Ｂｉｚ）」のセンター長として、富士市を中心とした静岡県全域の中小企業に対する経営支援や事業サポートを行っています。この仕事に就く前は、静岡銀行に勤める普通の銀行員でした。公的な支援機関でこの仕事に携わるようになって約17年になりますが、この間、一貫して行ってきたのは、いかにお金をかけずに経営の流れを変えていくかということです。

売上げが低迷して困っている取引先があれば、どうすれば売れるようになるか、その戦略を経営者と一緒に真剣に考える。新商品を作ったものの、どうやって認知度を上げたらいいかわからないという企業があれば、そのPR方法を検討する。設備が老朽化し新しい設備を導入する資金がないという取引先には、古い設備のままで現状を打破する策はないか知恵を絞る――。

私はこれまでに約6000社の中小企業支援に携わり、その7割以上の経営を好転させてきました。すべてのプロジェクトに共通するのは、**「お金をかけずにいかに売れるしくみをつくるか」**ということで、どの支援先企業についても、ほとんどゼロに等しい金額の資金で状況を好転させることに成功しました。

開発費、設備投資、宣伝広告費など、当然ながら企業活動にはさまざまな資金が必要です。たくさんのお金をかければ、成果がそれなりに出やすくなることは確かでしょう。しかし、中小企業や小規模事業者にはそれは難しい。無理してお金をかけて失敗したら、それはかえって経営にダメージになります。一か八かのような施策は当センターでは提案しませんし、金融機関だって提案すべきではないでしょう。

一方で、**知恵の絞り方次第、視点や戦略の立て方次第で、極限までコストを抑えながら企業の「稼ぐ力」を引き出すことは可能**です。

本書では、私がどのようにしてお金をかけずに企業の経営改善を実現しているか、そのノウハウを、地域金融機関で取引先企業のために貢献したい、取引先の本業支援を行いたいと考えているみなさんに、すべて開示したいと思います。

地元の経済発展に貢献したいというみなさんが**取引先企業の真の助っ人**となれるよう、**中小企業の本業支援の極意**を、実際の支援事例をふんだんに盛り込みながら、かみくだいてお伝えしていくつもりです。

私はこれまでの経験から、地方創生の鍵を握っているのは、地域金融機関で働くみなさんだと確信しています。

なぜなら、その地域の実情にいちばん詳しいのは他でもない地域金融機関だからです。

地域金融機関には、地元企業との豊富なネットワークがあり、財務に強くコンサルティング能力に長けた優秀な人材が集まっています。これまで蓄積してきたそうした財産を総動員し、**地域金融機関が本気で取引先企業の経営支援、本業支援に取り組めば、必ずや地方経済は息を吹き返す**はずです。

取引先企業の経営改善に貢献することは、その地域を元気にすることにつながります。金融機関にとっては、取引先の業績がよくなれば新たな資金需要を見込めるでしょうし、企業は、支援してくれた金融機関をメインバンクとして大事にしてくれるでしょう。

金融再編が叫ばれている現在、いまこそ、横並びの金利競争や、担保・保証に依存した取引から脱却し、取引先企業の経営支援や新しいチャレンジャーたちの創業支援に全力を注ぐときです。そして、全国各地の金融機関と地域産業との間にそうした健全な関係が生まれれば、日本経済再生の大きな足がかりになるとさえ私は考えています。

私はこの17年、「日本企業の99.7％を占める中小企業が元気になれば、おのずと地方は再生する」との信念で、中小企業支援に人生を賭けて取り組んできました。

支援先のなかには、廃業寸前で死をも考えたという経営者もいました。倒産覚悟で事業整理の相談にやってきた経営者もいました。取引先の金融機関から「継続は無理」と見限られた企業も少なくありませんでした。

しかし、そんな末期企業であっても、必ずどこかに突破口はあるもの。私は、企業支援に取り組む際には、「どんな企業にも必ずセールスポイントがある」との大前提で臨んでいます。建前ではなく、本気でそう確信し、すべての企業ととことん向き合っています。そこまで徹底して、初めて「売上げアップ」の成果を上げることができるのです。

私が実践していることに、特別なテクニックなどひとつもありません。ただし、**企業の支援で結果を出せる金融マンになるためには必要不可欠な姿勢がある**と考えています。

それは、**本気で目の前の企業を支援する覚悟を持つ**ことです。そして、**どんな企業にも必ず光る部分があるとの確信を持って取り組む**ことです。この二つの意識さえ忘れずに持っていれば、きっと、地域金融の一員として、ひとを、企業を、地域を元気にする担い手として活躍できるに違いありません。

小出宗昭

２０１７年８月

目次

はじめに ～ひとを、企業を、地域を元気にする金融マンになるために・001

第1章 取引先の「光るところ」を見つけ出せ！……017

01 一番に取り組むべきテーマは取引先の売上げアップ・018
02 実際の支援事例にみる 提案までの思考のステップ・027
03 銀行のM＆A業務とも共通する中小企業支援の基本スタンス・034
04 商品や技術の良し悪しを判断することが「目利き」ではない・038
05 目利き力を発揮するには多角的な視点で企業を評価する・043

06 中小企業のサポートで結果を出すために最も必要なのはビジネスセンス・046

第2章 取引先を〝稼ぐ企業〟に変える提案術……051

01 コンサル&企業支援で大事にしたい基本スタンス・052
02 売上げをアップさせる3つの必勝パターン・060
03 売上げアップ策を考えるにはキーワードを書き出してみる・067
04 取引先企業が納得しなければどんな提案も成功しない・072
05 セールスポイントを最大限に発揮できる市場を考える・078
06 他社との連携・マッチングで相乗効果を狙え！・082

07 売上げが落ちている事業にも「光るところ」はある・090
08 お金をかけることなくビジネスの流れを変える・094
09 やるかやらないかの意思決定は企業側に委ねる・098

第3章 これが目利きだ！ 事例で学ぶ小出流面談術

……101
CASE1 石川総研
商品価値を最大に生かせるマーケットを見出し
売れていなかった低温調理機をヒット商品に・104

CASE2　増田鉄工所
技術は画期的だが売れていなかった商品のセールスポイントを見直して大幅売上増に・116

CASE3　M&Yインタートレード
経営者のソーシャルな価値観にこたえるLGBT向けビジネスの道筋を示す・124

CASE4　プチ・ラパン
地域の中での「歴史」をセールスポイントにかつての人気商品の復刻バージョンを発売・134

CASE5　菜桜（なお）助産所
産後の母親向けに弁当宅配事業を始めたい助産師の地域での「連携」をサポート・144

第4章 取引先のやる気を引き出す会話術……155
01 企業の〝光るところ〟をほめることが経営者のやる気を引き出す・156
02 会話の中でネガティブな表現はNG。すべてポジティブワードに切り替える・161
03 成果が上がらないのを相手のせいにしない・165
04 取引先から必要な話を聞き出すために大切なこと・169
第5章 取引先を〝稼ぐ企業〟に変える必勝パターン……177
01 競合が多い市場は避け、ニッチ市場でのオンリーワンを目指す・178

02 常識や慣習にとらわれない発想で企業の「弱み」を「強み」に変える・190
03 多くの人に知ってもらうためＳＮＳを使った販売戦略を展開する・198
04 情報の出し方を工夫しメディアの注目度を高める・207
05 「ものはいいのに売れない」場合はターゲットを変えてみる・212
06 コンセプトやターゲットを明確化しブランドを確立させる・221
07 公的支援制度を効果的に活用する・228

第6章

企業の目利き&コンサルのよくある悩みにこたえるQ&A …… 233

Q 取引先企業を支援する取り組みをいろいろとやりたいのですが、とにかく忙しく、日常業務で手いっぱいで時間がありません。どうしたらいいでしょうか? · 234

Q ビジネスセンスを磨くコツを教えてください。 · 236

Q やはり流行や商品トレンドには詳しくなったほうがいいでしょうか。どうすれば詳しくなれますか? · 239

Q 新聞は何をどう読めばいいですか? 読み方のコツを教えてください。 · 243

Q インターネットから情報を得るときの注意点を教えてください。 · 245

Q 販売支援などで取引先の力になりたいのですが、なかなかそこまでの相談をしてもらえません。 · 247

Q コンサルティングでは「聞く力」が大事だとよく言われますが、企業に対して上手に質問を行うコツはありますか？・249
Q 販促のアイデアについて取引先の社長にプレゼンを行うのですが、説得力のあるプレゼンを行うコツはありますか？・259
Q 取引先の新商品（新サービス）を紹介してもらえるよう、地元メディアに売り込みたいと考えています。いい方法はありますか？・252
Q 人脈って大事ですか？どんな人脈を、どうやって広げていったらいいですか？・253
Q 取引先の売上げ増強策を考えていたら、支店長から「そんなヒマがあったら融資をとってこい」と叱られました。どうしたらいいでしょう。・256
Q 以前、提案した販売促進策がまったく成果を生まず、社長に顔向けできない状況になったことがあります。そのときのことを思い出すと、積極的な提案ができません。・257

Q 取引先が他行から、かなり費用のかかる売上げ増強策の提案を受けており、その内容を私にも教えてくれました。相当に無理のある内容です。どうしたらいいでしょう。・259

著者紹介・263

第1章

取引先の「光るところ」を見つけ出せ!

●○○○○○

ITEM

01

一番に取り組むべきテーマは取引先の売上げアップ

そのための発想・アイデアはどうすれば得られるか

私は公的支援機関のセンター長として17年、地域の創業者支援、中小企業支援を行ってきました。その数は、9年前に開設したf‐Bizにおいてだけでも延べ2500社以上にのぼります。

携わった企業の業種も相談内容もさまざまですが、それらの企業が抱えていた経営課題は、突き詰めれば「売上げを増やしたい」というところに集約されるといえます。

皆さんも、ここで一度、自分が担当している取引先とのやりとりを振り返ってみてください。

「なかなか思うように売れない」「頑張っているのに儲からない」……そういった悩みを打ち明けられたことはありませんか？

あるいは直接的ではないにしろ、「主要な取引先からの受注が落ち込んでいる」「原材料の値上がりでコストアップに悩んでいる」「設備が老朽化して生産効率が悪いのだが新設備を導入する資金がない」……といった経営上の課題が話題にのぼることはよくあるでしょう。そうした課題や悩みのほとんどは、じつは売上げが増えて業績が改善すれば解決する問題なのです。

つまり、みなさんが取引先の経営支援・本業支援を行おうとする場合、**一番に取り組むべきテーマは、取引先企業の「売上げを増やすこと」**だと言うことができます。

したがって、取引先企業と接するときは、相手がどのような経営課題を抱えているかをヒアリングしながら、目の前の企業が「どうすれば売上げをアップできるか」を常に考えることが重要になってきます。

「光るところは必ずある」と考えることから始まる

では、どうすれば取引先に対して売上アップ策を提案できるのでしょう。そのための発想やアイデアはどうすれば得られるのでしょう。

私がその大前提として重視しているのは、**「すべての企業には、強み・セールスポイントが必ずある」**という認識を持つことです。

建前やきれいごとではなく、本気でそういう確信のもとに目の前の企業に向き合えるか。それ次第で、売上げアップの提案ができるかどうかも、それを実際に成功させられるかどうかも決まるといって過言ではないと思います。それは、金融機関が行う企業の本業支援においても絶対不可欠な意識です。実際、私がサポートしてきた6000社もの企業に、ひとつとして「光るところ」のない企業などありませんでした。

目の前の企業が、現在どんなに経営不振であろうが、どんなに売上げが伸びていなかろうが、「必ずどこかに光るところはある」、そう考えるところから企業の支援は始まるのです。

まずは、**どんな企業にも必ずセールスポイントがあるという前提で取引先と向き合うことが大切**と心得てください。

◎「金融機関はサービス業」という意識を持て

もうひとつ、みなさんには**「金融機関はサービス業」**との意識を持っていただきたいと思います。

私自身、銀行員時代から一貫して「金融機関はサービス業であり、接客業だ」との認識で業務を遂行してきました。いまは銀行員ではありませんが、中小企業支援に携わる立場ということでは、求められる役割は金融機関と同じです。我々にとって、地域の企業や商店、個人事業主は大切なお客さま。彼らの顧客満足を高め、彼らに選ばれる存在であり続けることが、自分たちのミッションであり、自らの生き残りにつながるのです。

「金融はサービス業」。この視点に立ってみると、多くの金融機関に改革・改善の余地があることが見えてきます。

「当行では価値ある支援施策を用意しているのですが、お客さまが全然反応してくれません」「やる気のある経営者がいなくて困る」……。金融機関の方と話をしていると、時折こうした声を耳にしますが、意識がズレているとしか言いようがありません。**経営改善、売上げ向上を望まない企業などひとつもありませんし、やる気がない経営者などいるはずがありません。**

なぜならば、会社が倒産すれば従業員の人生を路頭に迷わせることになります。自分自身の人生も破綻する可能性があるわけで、そんなことを望む人間はいないからです。

つまり、**経営者たちは、やる気がないわけではなく、何からどう着手すればいいのかわからないだけ。金融機関の提案に反応がないのは、相手に「それならうまくいくかもしれない！」と思わせるポテンシャルがその提案にないだけのことなのです**。

サービス業は、顧客より上に立ってモノを教えるような姿勢では成り立ちません。顧客と同じ目線で会社が抱える課題を理解し、改善策を一緒になってひねり出すことでしか真の成果を上げることはできないでしょう。

自分たちの提案に対する顧客の反応が芳しくない場合、その理由を、相手のせいにせずに考えてみてください。「ビジネスマッチングも支援提案もしているのに結果が出ないのは取引先のせい」というのは、レストランが「うちは最高においしい料理を提供しているのに、客が来ないのは味のわかる客がいないからだ」などと言い訳するのと同じことです。

繁盛店には繁盛するだけの高付加価値のサービスがあり、流行らない店にはそれがない。自分たちの提案に対する反応がよくない理由は、それと同じことなのです。

「自分たちはサービス業なのだ」という立ち位置から、自分たちがどれだけ顧客満足を得られているかを、いま一度見直してみることが必要です。

最初に財務諸表を見るのは逆効果

次に述べておきたいのは、実際の経営支援の現場では、**間違っても最初から決算書などの数字を見て問題点を指摘したり、分析・評論したりすることは御法度**だということです。

融資取引が前提となる金融機関の場合は事情が違ってくると思いますが、私の場合、相談企業との面談の際、財務諸表を見せていただくことはめったにありません。相談にいらっしゃる企業は、事業内容や商品説明が書かれたパンフレットを持参されることが多いのですが、そうしたものもさっと目を通す程度で熟読することはまずありません。また、店舗の売り場や工場などの現場もほとんど見ることはありません。

数字や現場を見ずに、企業の現状を的確に把握できるのか。そう思われる方もいるでしょう。財務諸表をもとに融資の審査を行う金融機関では、決算書や事業計画書などを分析するところから入るのが当然の流れですから、そう思われるのも当然だと思います。

しかし、我々の目的は経営分析や評価をすることではありません。目的は、目の前の企業の売上げを増やし、業績を改善することにあります。そのためにまずすべきなのは、その企業の真のセールスポイントが何かを見極めることです。**最初から財務諸表や事業計画書を見てしまうと、どうしてもそれらの数字や計画の内容にだけとらわれてしまい、全体像が見えなくなってしまいます**。「最初から財務諸表や事業計画書を見ない」のは、そうした懸念があるからなのです。

店舗や工場などの現場に出向く必要がないというのも理由は同じです。見てしまうと、視覚的な問題点ばかりが目についてしまいます。整理整頓ができていない、商品陳列が見にくい、従業員の接客に難あり……などなど。相手から話を聞き出す以前にそこでイメージが固まってしまい、効果的な支援策を発想できなくなってしまうのです。

重要なのは、前述のとおり、相談企業のセールスポイントを見出すことです。そのためには相手から経営に関する情報をできるだけ多く引き出す必要があります。

ビジネスの本質を引き出す秘訣については後述しますが、前提として頭に入れておいていただきたいのは、企業は自社の「強み」や「売り」を正確に把握できていないことが多いということです。誰しも自分のことはよくわからないもので、それは企業も同じ。まして、業績不振ですっかり自信をなくしているような場合は深刻です。

ｆ‐Ｂｉｚの相談者のなかには、「強みなどひとつもない。何をやっても売れない。

企業の「強み」や「売り」を把握するには…

◉最初から決算書や事業計画書を見ない

見てしまうと…

数字や計画の内容にとらわれ
企業の全体像が見えにくくなる

◉店舗や工場などの現場を、最初はできるだけ見ない

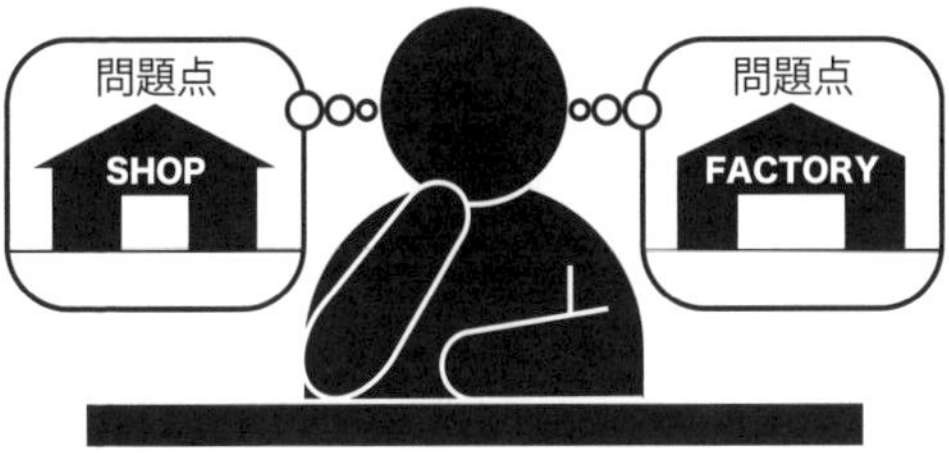

見てしまうと…

視覚的な問題点ばかり目につき、イメージが固まって、
効果的な支援策が発想できなくなる

このままでは倒産もやむを得ない……」といった状況の企業も少なくありません。財務諸表を見ると危機的状況であることは確か。数字だけ見ていたら、融資案件としては確実に落とされてしまうような企業です。しかしそうしたケースでも、ヒアリングを進めていくなかで必ずセールスポイントは見つかるものです。

金融機関の場合は、経営支援という目的だけでなく、融資の保全といった必要もありますから、決算書を見ないということはあり得ないでしょうし、現場を見ることも必要になるでしょう。しかし、そうであっても、**本業支援の提案やアドバイスを行うにあたっては、決算書の数字にとらわれたり、現場で目に付いた問題点にとらわれることのないよう、ゼロベースで支援策を検討する必要がある**と思います。

ITEM 02

実際の支援事例にみる提案までの思考のステップ

数字を見るな、事業の中身を見よ

ここからは、実際に携わった支援事例で説明しましょう。

取り上げるのは、インテリア小物や小型家具の製造・販売を行っている浜松市の「豊岡クラフト」という会社の例です。直販より、他社商品の製造（ＯＥＭ）をメインにしていますが、不景気で取引先の業績が悪化し、受注数が大幅にダウン。長期にわたり売上げ減に歯止めをかけられずにいるとのことでした。相談に来られた社長（現・会長）は、長男・次男を会社に迎え入れたものの先行きの見通しがつかず、すっかり自信を失っている様子でした。

もし、ここで決算書を見ていたら、問題点ばかりに目がいくことになったでしょう。業績不振だからといっていきなり決算書のチェックから入ってしまうと、判断をその数字に縛られてしまい、その企業の可能性を見出そうという発想にはならなくなってしまいます。ですから、このときも私は、**決算書を確認するよりもまず、商売の内容についてくわしく聞く**ことから始めました。

次に挙げる質問は、相手がどのような企業であれ、共通して必ず尋ねるヒアリング要件です。その回答のなかにセールスポイントを見極めるヒントが隠れている場合がありますので、ぜひ面談の現場で活用していただければと思います。

- ご商売を始めて何年目ですか？
- 社長は何代目でいらっしゃるのですか？
- 学校を出てすぐ会社に入ったのですか？
- どのような商品をつくっていますか？
- 商品の特徴はなんですか？
- 商品は具体的にどのように販売をしているのですか？

「すごい」と思える部分を探す

豊岡クラフトの場合、ヒアリングで注目したのは、低迷しているという主力事業の

ＯＥＭ先でした。聞けば、丸善株式会社がいちばんの得意先であり、同社のオリジナル商品を製造販売しているとのこと。

丸善と聞いて、みなさんはどう思うでしょうか。私は瞬時に、「ここに売上げを回復させるヒントあり」と考えました。どういうことか。丸善は日本最大手の書店の一つである一方で、高級文具を扱う超一流店です。そのオリジナル商品を製造しているのですから、豊岡クラフトの商品は超一流品といえます。しかも「何年前から取引していますか？」と聞くと、20年以上にわたって丸善の店頭で販売しているというのですから、間違いありません。

これこそがこの会社の光る部分、セールスポイントだ。そう確信すると、私は社長にこう伝えました。

「御社の製品は世界のトップブランドしか扱わない丸善で長年販売してきた実績があるのですから、必ず売れるようになります。自信を持ってください！」

課題の分析や問題点の指摘はしないと述べましたが、ｆ‐Ｂｉｚでは、逆に「ほめる」ことを大事にしています。

みなさんは、取引先の話を聞いていて、「それはすごい！」と感心することはありませんか？

「すごい」と感じたこと。じつはそれこそが企業の「光る要素」であり「セールスポイント」なのです。つまり、「すごい」と思える部分がどこにあるかを徹底的に探すこと。それが「光る部分」の発見につながるということです。

●「光る部分」の発見から、どう提案に結びつけるか

ここまでのヒアリングで見えてきたことは、「豊岡クラフトは商品力があるのに売れていない」ということです。

モノはいいのに売れない。そういう商品は世の中に山ほどあります。いいものが売れないのはなぜでしょう。多くの場合、商品特性に合わないチャネルで売ろうとしているからです。端的に言って、**ターゲット層がずれているのが「売れない」原因**なのです。

豊岡クラフトの場合も、高級志向の顧客が喜ぶものを提供できる商品力（セールスポイント）がありながら、その強みを発揮できるマーケットの開拓ができていなかったことが「売れない」要因に違いない――。そう仮説を立てました。

ここまでの思考のステップを整理すると、次のようになります。

ステップ1　セールスポイントの発見

……事業内容や商品の特徴、顧客情報、ターゲット層など、できるだけ多くその企業の情報を聞き出す。そのなかから「すごい」と思える部分（セールスポイント）を見極める。

ステップ2　セールスポイントを最大限に生かせるターゲットに絞り込む

……「強み」が活かされていない原因を探り、どうすればその「強み」を最大限に活かせるかを検討する。売れるマーケット、求められているターゲットはどこかを絞り込む。絞り方としては、どんな嗜好、価値観を持った層がどのようなシーンでその商品を利用したいと考えるかを予測し、そこから顧客層を割り出すという手法です。

ターゲットの絞り込みができたら、最後のステップ。絞り込んだターゲットに効果的な売込みを仕掛けること。つまり、こういうことです。

ステップ3　商品を変えずに「売り方」を変える

豊岡クラフトの場合、高級志向の富裕層がターゲットだと絞り込みました。現状の販路を確認すると、通販事業に力を入れているとのこと。なかでも業界最大手のK社との取引を重要視しているとのことでした。

しかし、K社の中心購買層は中流の上位クラスで、豊岡クラフトの商品特性からすると若干ズレがあります。小型の木製のペンケースやレターケースに5000円、1万円、それ以上の価値を認めてもらうには、ロイヤルカスタマーと呼ばれる富裕層を狙ったほうが効果的。そこで提案したのが、JALとANAの機内誌でした。いずれも海外ブランドなどの超一流品を扱っており、ターゲットは富裕層。豊岡クラフトの商品にぴったりの媒体です。実際、商品が掲載されると、一般顧客からの注文もありましたが、企業からの問い合わせがいくつも舞い込んできました。じつはこれは私の狙いどおりでした。日本を代表する大手航空会社の機内誌は、富裕層向けのマーケットに注目する企業がチェックしているだろうと踏んでいたのです。

予測は的中。すぐに高級輸入時計販売店から専用の時計スタンドの注文が大量に入りました。また、万年筆の専門店からコレクター向け商品として50本入るケースを数百個単位で依頼されるなど、次々と注文が入りました。さらには、韓国にはこうした高級文具家具がないというので、韓国への輸出も始まっています。

こうした結果、販路拡大と同時に、売上げも大幅アップ。いまや豊岡クラフトは、高級ステーショナリーやインテリア小物の世界で、「あの豊岡クラフト」と称される高級ブランドに成長するまでになっています。

これが、私が日々実践する企業支援の実際です。

「数字を見るな、事業の中身を見よ」

そう主張する理由がおわかりいただけたのではないでしょうか。

ITEM

03

銀行のM&A業務とも共通する中小企業支援の基本スタンス

本人たちも気付いていない企業の「強み」を可視化する

「どんな経営難に陥っている会社でも、表面的にはまったく強みなどなさそうに見える会社でも、必ず光るところがある」。私がそういう発想になった原点は、じつは静岡銀行でM&Aの業務をやっていたときにあります。

私は前職の静岡銀行で約7年半、企業のM&Aを担当していました。M&A担当とはどういう仕事かというと、当然ながら財務諸表は綿密に再評価するのですが、最も重要なのは、バランスシートに現れていない企業の価値を見つけ出すことです。なぜなら、その企業を商品として売ることがミッションだからです。

買収を検討している企業に対して、何を強調すれば関心を持ってもらえるか、というところがM&Aを成功させる肝になります。それはつまり、売りたい企業のいちばんの強み、光る部分はどこにあるのかを見極めるということです。そういう目線で7

年半、M&Aの世界でやってきたことが、いまの自分の基本的なスタンスをつくっていることは間違いありません。

財務諸表などの書類ではわからない企業の価値を見出す。それは、**「強みの可視化」**ともいえます。M&Aの仕事はまさに、売りたい企業の強みを可視化し、その強みを自社で活用したい買い手企業とのマッチングを図ることなのです。

金融機関のなかでM&Aに携わっている方もいると思いますので、ここで、中小企業支援とM&Aの共通点を、実際私が携わったケースで説明したいと思います。

多くの企業は自分たちの強みが見えなくなっている

水産加工品を扱う冷凍庫会社から、会社を売却したいとの申し出がありました。戦前からある冷凍倉庫をずっと使っており、設備はすべて老朽化しています。業績も慢性的に悪い状態が続いていて、表面的にはどこにも企業価値が見出せないような会社でした。しかし、「バランスシートに現れていない価値」が必ずあるはず、との前提で調べていった結果、「これだ！」という光る部分を突き止めました。

それは、ある一部のエリアでしか獲れない特定の水産物を扱っていることでした。

その水産物は全国的に希少な商品として重宝されており、漁期も短く、地元の狭いネットワークの中に入らないと取り扱いに参入できないものでした。しかも、その水産物は鮮度を保つのが非常に難しく、水揚げしたばかりの新鮮なものをすぐに冷凍できることは、この分野に参入したい企業にとってこれ以上ないメリットとなります。

そこで私は、「全国的に希少な高級水産物を、最高の鮮度で取引できるのが強みの会社」と強調し、同社の売り込みをかけました。結果、すぐに買い手がついたことはもちろん、譲渡額も自分たちの評価を上回る額で商談がまとまったのです。

この冷凍庫会社も、先ほど紹介した豊岡クラフトも、そのほかの企業もそうですが、自分たちの強みがどこにあるのか、本人たちが見えなくなってしまっているケースはじつに多いものです。日常の流れのなかにいると見えなくなることもあるでしょうし、その業界の常識に縛られてしまっている面もあるでしょう。自分たちはどうせ下請けだし、カネも人材も設備もないし……と諦めている企業も少なくありません。

みなさんの役割は、弱点ばかり抱えていると思い込んでいる取引先に対して、自分たちにはまだまだ光る要素があって、工夫次第で活性化できる可能性があると思わせることです。

「いやいや、御社がつくっている商品は超一流品です。他社が真似できないすごさがあるんですから、いまは売れていなくても、やり方を工夫すれば必ず売れるようになります。その方法を一緒に考えていきましょう！」

そんなふうに、相手を勇気づけたり、モチベーションを高めることも大事なコミュニケーション術なのです。

ITEM

04

商品や技術の良し悪しを判断することが「目利き」ではない

「どうすれば売れるようになるか」を考える力が目利き力

企業支援の肝は「光る部分の発見」にある。

M&A時代から確信している要諦ですが、これは現在、金融庁が金融機関に対して強く求めている「事業性評価」「目利き力の向上」に通じることをお気づきでしょうか。リレバンの号令がかかった2001年以降、金融界では、取引先の事業内容や将来性を見極めるうえで重要なのは「目利き力」だと言われてきました。

現在、当たり前のように使われている「目利き」という言葉。しかし、その定義は金融庁の指針ほか、どこにも書かれていません。一般的には「取引先の技術力や販売力などを正しく評価すること。またその力」などといわれますが、そもそも「高い技術や販売力」が即「売れる」ことにつながるとは限りません。

たとえば、100%の技術力を持った企業でも売れないこともあれば、60%の技術力でも売れるものは売れるのです。技術の良し悪しを判断するだけが目利きであるなら、技術さえあればどんな企業にでも融資ができることになります。それでは正しい判断になりません。

本来、融資ができるか否かは、利益を出している会社かどうかで検討するものです。つまり、**金融機関における目利きとは、商品や技術の良し悪しを判断することではなく、「売れるものか売れないものか」を判断すること**なのです。そして、「もっと売れるようにするためにはどうすればいいか」、そのままでは売れないと判断したならば、「どうすれば売れるようになるか」を考える。その力が目利き力だといえます。

シンプルに考えてみましょう。本章の冒頭に述べたように、売れれば貸せるわけで、だからこそ、地域の中小企業を活性化させるためには、目利き力が必要なのです。これは私がつねづね言ってきた「高いコンサルティング能力」と同義です。

ふたたびｆ‐Ｂｉｚが扱った実例で「目利き力」とは何か、具体的に説明することにします。

金融機関における目利き力とは…

◉商品や技術の良し悪しを判断することが、
金融機関の目利きではない

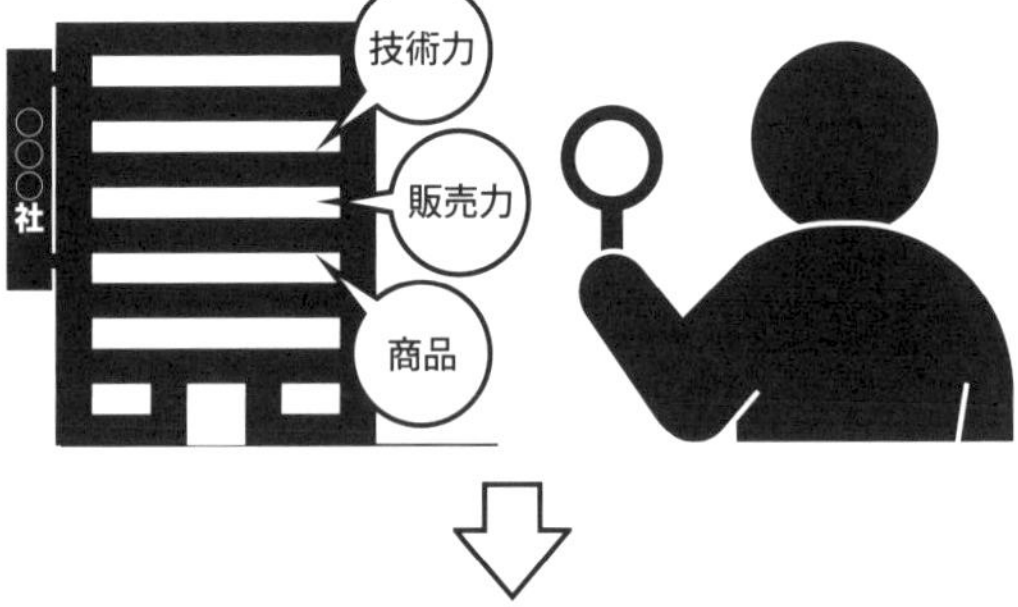

なぜなら、技術力や販売力、商品の良し悪しをいくら評価しても、
それらが優れているからといって、売れるとは限らないから。

◉その商品が売れるものか、売れないものかの判断

◉もっと売れるようにするにはどうすればいいか？

◉そのままでは売れないなら、どうすれば売れるようになるか？

||

これを考える力が目利き力

既存技術を活かし新分野進出を実現する目利き力

静岡県島田市の株式会社イトーは1965年に製茶所として創業。85年に日清紡績株式会社島田工場の構内作業請負部ができ、91年からは紡績工場向けに綿ほこり除去製品を生産していました。日本の紡績業界の先行きが明るくない中で、新たな事業の柱をつくり下請けから脱却したいと、伊藤正一専務(当時、現社長)がf‐Bizに相談に訪れました。

私が注目したのは売上げがピークの数分の一に下がっているという綿ほこり除去製品でした。この製品は、ローラーのような部分に、直立した無数の短い繊維を植え込んだもので、「一度捕らえた綿ほこりは逃さない」と同社としても強みであることを認識していました。しかも、品質管理が厳しい紡績工場の掃除用具を手掛けているのは日本で唯一イトーだけ、シェア100%だといいます。ここが、目利きのポイントです。

同社の製品は綿ぼこりを効果的に除去できると「プロ」が認めているという事実をきちんと受け止め、**同社の高い技術力は最大の強みであると考えられるかどうかが、**可能性を拓くための第一歩となります。

次に私は、「他に綿ぼこりで困っているのは誰か」を考えました。頭に浮かんだのは、ほこりが電源プラグとコンセントの間にたまって起きる「トラッキング事故」のニュースです。コンセントというのは家具や家電の後ろなどに隠れてしまうことが多いため、ほこりがたまりやすい。狭くて掃除しにくいところの綿ぼこりを効果的に除去する道具があれば重宝するに違いありません。こうして一般家庭の需要が見えてきたのです。

伊藤専務たちは初めてのＢｔｏＣ事業に戸惑いながらも試作品づくりに取り組みました。ブランディングのプロであるｆ‐Ｂｉｚの杉本剛敏副センター長のリードで、「東急ハンズ」や「ロフト」などで扱われる「掃除用具にもこだわりを持つ女性」向けのお掃除グッズとしての開発が進み、新商品「ほこりんぼう！」が完成しました。同社にｆ‐Ｂｉｚを紹介した島田信用金庫の仲介で出展したフェアで東急ハンズのバイヤーの目にとまり、新宿店での実演販売、全国展開がとんとん拍子で実現しました。発売以来８万セットの販売を達成し、２０１９年６月からはアメリカ・ロサンゼルスでも販売しています。

この事例からおわかりいただけるように、**いま求められている目利き力とは、「どうすればカネになるか」を考え、提案すること**なのです。

ITEM
05
目利き力を発揮するには多角的な視点で企業を評価する

消費者の視点、マーケティングの視点、売る側の視点、メディアの視点

「取引先の商材が売れるか、売れないか。小出さんはどうやって見極めているのですか？」と聞かれることがあります。難しく考えることはありません。**自分が買い手の立場になって考えてみればいい**のです。

取引先の商材を見たときに、**「自分だったらそれを買うだろうか？」**と真っ先に考える。自分が顧客対象から外れている場合は、**「だれが買うか。どうしたら欲しいと思うか」**という視点で見ればよいでしょう。つまり、消費者としての視点と、マーケティングの視点とを活用するのです。

マーケティングの視点では、**「類似商品で売れているものはあるか？」**と考えることも重要。そこにニーズがあることがわかるからです。求める消費者がいるのに売れていないのであれば、その商品のセールスポイントがうまく伝わっていないからだと

推測できます。見せ方、売り方を工夫することで「売れる」商品に変えられる可能性は大いにあります。

それだけではありません。**「売る側」の視点になってみる**ことも大事です。「顧客のニーズはわかるが、それを反映すればコストが上がってしまう。どうすれば経費を抑えられるだろうか」といった視点です。

さらには、**メディアが取り上げるかどうか**も考えてみます。テレビや新聞などのメディアで紹介されることは、広告費をかけずに宣伝できるのと同じだからです。ただし、メディアは面白い情報でないと取り上げません。彼らに注目させる〝何か〟がなくてはならないわけで、それには大きく3つの要素があります。

①ニュース性がある
②ひとの共感を呼ぶ
③社会やビジネスの課題を解決する取り組み

取引先の企業、その会社が取り扱う商品やサービスには、これらのうち1つでも当てはまる要素はあるでしょうか。

たとえば、前述したイトーのケースで考えると、同社の持つ綿ぼこりを効果的に除去する技術をトラッキング事故のニュースとリンクさせることができれば、①～③のすべてに当てはまるプロジェクトが発想できるかもしれません。

このように、〝目利き力〟を発揮するポイントは、さまざまな視点から多角的に企業を評価することにあるのです。

ITEM

06

中小企業のサポートで結果を出すために最も必要なのはビジネスセンス

それは日頃の意識、訓練で身につけられる

ニーズが明確に見えて、ニュース性や共感性、あるいは課題解決につながる商品やサービス。また、ほかに似たようなヒット商品がある——これまで7割の確率で売上げを向上させてきた経験から私が導き出した「売れる」方程式です。

ｆ－Ｂｉｚがかかわることで売上げが最大30倍までアップした企業があります。伊豆大島特産の椿油を製造販売している熱海市の「サトウ椿」です。社長から相談を受けたときは、食用専門の椿油が自慢だが、高価なため一般のお客さんにはなかなか売れないとのことでした。しかし、どんなに売れない、売れないといっても、買ってくれているところがひとつやふたつはあるはず。そう思い、いまの顧客は、と聞くと、リッツカールトンのような誰もが知る最高級外資系ホテルの天ぷら屋の名が挙がりました。

「最高級ホテルの天ぷら専門店が選ぶ油」。それこそ、セールスポイントです。思うように売れないのは、その商品の価値を求める顧客に届いていなかったからに違いありません。食用椿油のコアターゲットは、天ぷら専門店や日本料理店、それに高級志向の食にこだわる層。そうしたターゲットに対し、「天ぷら専門の油」として展開してはどうか――。高級ホテルの天ぷら屋が顧客と聞き、パッとここまで戦略を組み立てました。これが、まさに目利きです。

取引先から「売れない」「儲からない」と言われたら、どうしたら売れるようになるかを瞬時に考える。それが目利き力を発揮するための大前提です。「そうですか、大変ですね」で聞き流してはダメ。同様に、超一流外資系ホテルで使われていると聞いて、「へぇ、すごいですね」と感心するだけでは企業のサポートはできません。何がどうすごいのか、その意味を分析し、売上げアップにつなげる策をとことん考えることが我々の仕事なのです。

私はホテル名を聞いたとき、世界中のおいしいレストランを星の数で評価し、紹介する「ミシュランガイド」をまず連想しました。世界的に有名なこのガイドに掲載されると、美食家たちが各国から訪れる人気店になることが多い。つまり、リッツカールトンクラスのホテルで採用されているということは、レストランがミシュランのお墨付きを得たようなもの。それが押さえになり、「○○ホテル御用達」「天ぷら専門店○○に認められた」といったキャッチコピーで仕掛ければ、必ずヒットするに違いありません。

「天ぷら専門の油」とわざわざ特化したのにも理由があります。昨今、「焼き肉のたれ」や「卵かけごはん用の醤油」など、○○専用の調味料がヒットしていることが頭にあったのです。たれや醤油に専用があるなら、おいしい天ぷらのための専用油があればきっと注目されるに違いない。そう踏んだわけです。

結果、売上げは最大30倍まで急増。現在も、有名グルメ雑誌に取り上げられたり、東京・銀座のど真ん中、歌舞伎座の隣に同社の椿油を売りにした店ができるなど、高級天ぷら専用油として確固たる地位を得ています。

●企業の持続可能な「稼ぐ力」を掘り起こす

目利き力を発揮するとはどういうことか、感覚をつかんでいただけたでしょうか。

頭の中にいくつもの「売れる方程式」をストックしておき、その引き出しのなかから相談内容、取り扱い商材、企業特性に応じて最適のものを当てはめて、売れる方向へ導く――。それは、ヒット商品やビジネストレンドの情報を豊富にもっていなければできないサポートでもあります。

私はたくさんの中小企業を支援するなかで、結果を出せる支援者には3つの資質が必要であると考えるようになりました。

3つとは、「ビジネスセンス」「コミュニケーション力」、そして「情熱」です。

このなかでも最も重要なのが「ビジネスセンス」であり、これは現在、金融機関に求められている「目利き力」と表現が違うだけで内容はまったく同じです。

あえて私が考えるビジネスセンスとは何かというと、企業の光る部分（強み・セールスポイント）を見出し、一過性ではない持続可能な「稼ぐ力」を掘り起こすことです。つまり、**ただ情報をたくさん持っていればいいわけではなく、それをビジネスチャンスに結びつける「知恵」や「ひらめき」までを含めてビジネスセンス**というのです。

「センス」というと、もともとの資質や才能と思われるかもしれませんが、そうではありません。日頃の意識、訓練によって身につけることができる能力です。具体的なトレーニング方法については第6章で詳しく取り上げるので、そちらをよく読んでいただければと思います。

第2章

取引先を“稼ぐ企業”に変える提案術

ITEM

01 コンサル&企業支援で大事にしたい基本スタンス

まず頭に入れておきたい4つのこと

基本スタンス①

取引先と同じ目線を持つ

ここから、取引先の売上げを大きく伸ばし、儲かる会社に変えるための具体的なノウハウを述べていきますが、その前に、みなさんにしっかりと頭に入れていただきたい企業支援の基本スタンスがあります。

それは、**「取引先と同じ目線を持つ」**ということです。

みなさんは取引先企業と金融機関の関係について、「融資する側と融資を受ける側の関係」と考えていませんか。そうした意識では、「この会社は融資にふさわしいかどうか」という視点から財務諸表をチェックしたり、**「評価する」スタンスで取引先を見てしまい、取引先に対して〝上から目線〟になりがちです。**

実際、現在求められている事業性評価についても、融資の可否をベースにした評価になってしまっており、数字に表れない潜在的な強みや将来性を見極めることより、問題点の発見と指摘に終始しているように見受けられます。

「評価」という言葉に惑わされてはなりません。財務分析をして採点をすることが我々の使命ではないのです。いかにして目の前の企業の稼ぐ力を掘り起こすかが金融機関の役目であり、そのために真っ先に取り組むべきなのが、真のセールスポイントの発見なのです。

この企業の本当の強みは何か、光る部分はどこか——。そうした目線を持つためには、**相手のことを「対等なビジネスパートナー」と考える**ことが必要です。取引先企業を融資対象としてしか見ることができなければ、「カネを貸してやっている相手」という意識が抜けず、本人たちも気づいていないような「強み」や「売り」を見出すことはできません。

1章でも述べたとおり、自社のことを客観的に理解できている経営者はそう多くないのです。そもそも、そんな〝上から目線〟の相手を信頼し、提案に耳を傾けようとは思わないでしょう。

企業とともに闘う。大げさではなく、それくらいの責任と使命感を持って取り組まなければ、企業との信頼関係は構築できませんし、信頼を得られなければ、取引先企業の売上げを向上させたり、企業価値を向上させるといった一大事業を成し遂げることなど不可能です。「取引先と同じ目線を持つ」ということは、真のビジネスパートナーとしてお互いに信頼し合える関係を築くための最も重要な心構えなのです。

基本スタンス②
成果が出るまで一緒にチャレンジする

これは、「取引先と同じ目線に立つ」ことの延長といえます。取引先企業の売上げアップに貢献するためには、強みを発見し、それを効果的に活かすビジネスプランを提案するだけで満足していてはいけません。

「御社の商品はここが一番のセールスポイントですから、こうすればきっと、もっと売れるようになりますよ」とアイデアだけ出して、あとはどうするか相手に任せるというのでは企業支援としては不十分です。

「こうすればいい」と言いっ放しにされた取引先は、じゃあ実際にどうすればいいの？　という肝心の方法がわからずに、逆に不満を募らせてしまうかもしれません。

「提案するだけ」ではＮＧ。具体的な取り組み方法まで考え、**企業に伴走し、成果が上がるまでサポートし続けてはじめて真の企業支援**といえるのです。

基本スタンス③
問題点が見えてもあえて指摘しない

セールスポイントを発見する過程においては、さまざまな経営課題も見えてきます。むしろ、強みよりも弱点、問題点のほうが目につくでしょう。

しかし、前述したように、問題点ばかり気にしていると肝心のセールスポイントの発見に時間がかかってしまいます。場合によっては、ここがダメ、ここも問題だ、と課題にばかり意識がいってしまい、相手のポテンシャルを的確に見極めることができないまま終わってしまう危険性もあります。

そうなってしまった時点で、成果の上がる提案は不可能になります。どれだけ相手の光るところを発見することができるか。それをもとに、前向きに挑戦していこうという意欲を相手に持たせられるか。それが、初期段階の面談では非常に重要なポイントになってきます。

ですから、f-Bizのメンバーや、金融機関からf-Bizに勉強にきている研修生には、**「たとえ問題点が見えても最初から指摘してはならない。とにかくまずは『強み』の発見に集中せよ」**とつねに意識させています。

f-Bizでは、相談に来られた企業との面談は1回につき1時間を基本としています。これは、私もそうですし、ほかのメンバーも同様です。多少、オーバーすることもありますが、人がしっかりと集中できる時間は1時間程度です。それ以上長く時間をかけても、よいアイデアが浮かんだり、相手から有益な情報を引き出せたりすることはそうないと思っています。逆に、1時間よりも短いと、本質的な話題に入る前に時間切れとなってしまうことが多く、時間が足りないという意識がお互いのフラストレーションにつながってしまいます。

1時間というと長く感じられる方もいるかもしれませんが、実際、やってみるとあっという間に過ぎてしまいます。余計な世間話や的外れな質問をしていては、初回で引き出さなければならない「強み」の発見までたどり着けずに、「じゃあ、次回またお願いします」になってしまいます。相手にとってみれば、忙しい時間を割いているのに、会話の中に何のメリットも感じられなかったら、時間の無駄だと失望するでしょう。

金融機関の皆さんが支援する相手は取引先企業ですから、f-B・izのような支援機関とは状況や立場が異なるでしょう。ただ、共通して言えるのは、**できるだけ早い段階で、自分が感じた相手企業のセールスポイント、光るところを指摘できるところまでたどり着く**ことです。

問題点の指摘から入らない。これは、そのためにも重要なヒアリングのテクニックです。

基本スタンス④
相手へのリスペクトを忘れない

我々が企業支援を行うに際し、具体的にどのような会話を、どんな割合で進めているのかというと、まずはとにかく相手のモチベーションを上げることに傾注しています。

相談に来る経営者はみな何らかの課題を抱えています。「売れない」「いい人材が雇えない」「資金不足でどうにもならない」……。こうしたネガティブな状況にいると、誰しも自信を失ってしまうものです。どんなに素晴らしい強みや潜在的なポテンシャルがあっても、そのことをすっかり見失っている経営者は多いもの。そんな状態では、ポジティブな流れをつくることは難しいと言えます。ですから、**相手に前向きなチャレンジ精神を取り戻してもらうことが、まずファーストステップ**となるのです。

具体的には、会社の歴史や事業内容、販売実績、取引先など、とにかく相手の企業のことを詳しく聞いていきます。どんなものをつくっているのか、どんな販路で、どんな顧客が主要取引先か、これまでにいちばん売れた商品は何か……どんどん質問して、教えてもらっていると、「それはすごい！」「面白い！」と感じるポイントが出てくると思います。そのときは聞き流さず、「社長、それはすごいじゃないですか」「素晴らしい発想ですね」などと**ちゃんと言葉にして、リスペクトの意を伝える**ようにします。

相手をリスペクトする。これは、我々が持つべき基本スタンスでもあります。相手は、いまは厳しい経営状態にある企業だったとしても、曲がりなりにも長年経営を続けてきたのです。会社を続けるということは、並大抵の努力ではやれません。人を雇用していれば、従業員の人生をも預かりながら、経済活動を続けているのです。私はつねづね、経営者のそうしたスピリット、つねにチャレンジし続ける意欲に対してリスペクトしています。

このリスペクトの意識があるのとないのとでは、企業支援のベースがまったく違ってきます。リスペクトがなければ、「どんな企業にもセールスポイントはある」と確信したうえで顧客と接することはできないと思うからです。

面談では、このように相手企業を理解し、リスペクトし、そのやる気を引き出すことに注力しましょう。そのうえで、問題点については、タイミングを見計らいながら「御社はこんないいところがあるけれども、こういう課題もありますよね。強みを活かして、経営課題の解決に結びつけていきましょう」というような表現で言い添えるのです。具体的な時間配分は、**強みの発見に9割、残りの1割程度を、経営課題についてお互い同じ問題意識を持つための時間にあてる**イメージです。

ITEM

02

売上げをアップさせる3つの必勝パターン

ポイントはとにかくシンプルに考えること

前項では、企業のコンサルティングや支援を行っていく際の4つの基本姿勢を述べました。この4つの姿勢をつねに意識しながら、取引先を稼ぐ企業にするための具体的な提案を行っていくことになります。

これまでに出した本の中でも繰り返し述べてきたことですが、私は取引先を稼ぐ企業に変える、つまり売上げをアップさせる方法は次の3つしかないと考えています。

1 販路開拓

2 新分野進出

3 新商品・サービスの開発

経営コンサルタントなどがよく行うのは、相手企業の事業内容や商圏エリア、取引先などを詳細に分析し、戦略を立てていくという手法です。これだと確かに、より複雑で細分化された戦略が出てくるでしょう。しかし一方で、このやり方では、相手企業について網羅的に深掘りしていくことになるので、どうしても複雑になり、かえって何をすべきかがわかりにくくなってしまいます。目的はあれこれと分析や評価をすることではありません。「どうすれば儲かるようになるか。売上げが増えるか」の答えを出すことです。

ですから、**とにかくシンプルに考える**。ふだんの銀行業務に慣れていると、ついBSやPLや自己資本利益率などの数値の分析に入ってしまいがちですが、それも最初は意識的に見ないようにするといいでしょう。

経営相談（ヒアリング）の鉄則は、その企業のいちばん光るところは何かを見極めることです。そしてその「売り」「セールスポイント」を最大に活かす方法が、

①新しい販路を開拓することなのか
②これまでとは異なる新分野に進出することなのか
③強みを発揮するために新しい商品やサービスを開発することなのか

この3つのパターンにそれぞれ当てはめて考えてみるのです。

企業のセールスポイントを生かす方法を考える

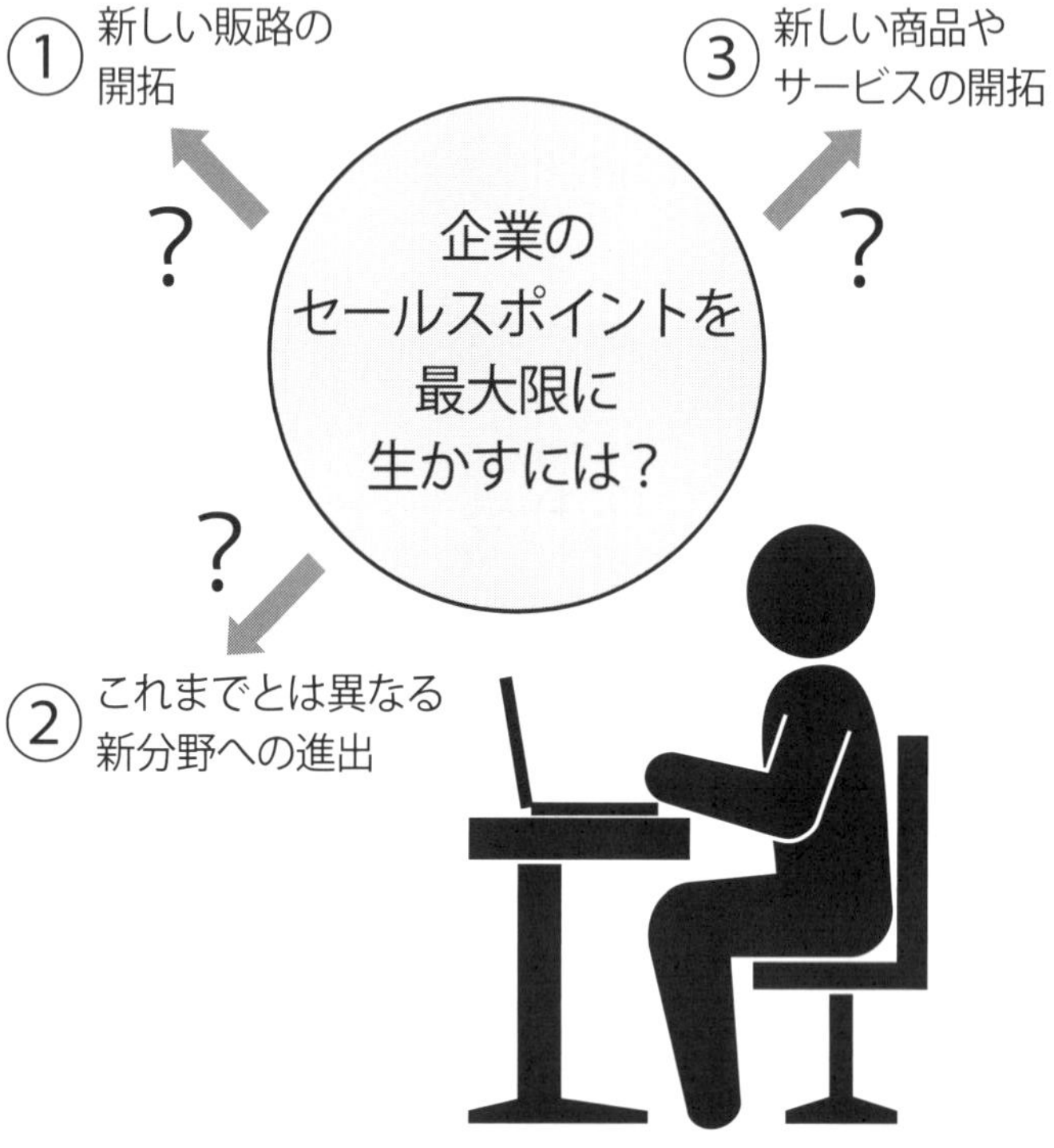

企業のセールスポイントを最大限に生かす方法を
３つのパターンに当てはめて考えてみよう

「従業員の高齢化」に悩むタクシー会社に提案したこと

具体的な支援事例で説明しましょう。

f-Bizのある静岡県東部地区を中心に展開するAタクシー会社は地元で60年以上続いている老舗なのですが、乗務員のなり手がなかなかいなくて困っていると相談に来られました。ドライバーを確保できずに慢性的な人手不足であることに加え、従業員の高齢化も大きな課題だとのこと。この2つは、全国のタクシー会社に共通する問題です。

さらに社長は、お客さまに対するサービスや仕事に向かう姿勢など、従業員の質とモチベーションのアップにも取り組んでいかなければ、飽和状態のタクシー業界で生き残れないとの危機感を持っていました。

同社の社長は、40代前半で、先代の父親から経営を任されたばかり。長く低迷が続いているのを見ていて、自分がなんとかしなければという責任を感じているようでした。

私が注目したのは、「従業員の高齢化」という点です。ネガティブにとらえられがちな高齢化ですが、見方を変えれば、同社は「ベテランドライバーの宝庫」だということになります。

タクシー運転手に求められる必須のスキルは、安全で安定した運転技術と、周辺地域の地理や交通事情に詳しいことです。さらに、お客さまに満足していただくための接客能力も必要です。経験豊富なシルバードライバーは、このうちの２つのスキル、運転技術と地元の地理に精通しているという点で、優れた方が多いに違いない。そう予測を立て、社長にこう提案しました。

「御社の従業員さんはたしかにご高齢な方が多いようですが、ここはそれを逆手にとって『シニアドライバーを大切にしている会社』とアピールするのはどうでしょう。それは、年配者に限らず、従業員を大切にしている会社というイメージにつながりますから、お客さまに好印象を持ってもらえるでしょう。注目度も高まりますね」

つまり、**「従業員の高齢化」を「売り」にしてしまおうという戦略**です。

具体的には、まず、ユニフォームを揃えてはどうかと提案しました。それまでＡタクシーにはユニフォームがなく、運転手の服装に統一感がありませんでした。そこで、ユニフォームをつくり、しかも、新鮮さや清潔感、いくつになっても溌剌と元気に働いている姿を地域の人たちに印象づけるため、そのユニフォームにユニクロのカジュアルファッションを取り入れてはどうかと提案したのです。

さらに、シニアドライバー向けの運転教室を開催することも提案しています。いま、高齢者の自動車運転事故が増えていることが問題になっています。そこで、60歳以上のベテランタクシー運転手さんたちに先生になってもらい、一般のシニアドライバーがどうすれば安全に運転できるかを実習するのです。

講習を受ける側としては、車に乗り慣れた同世代のタクシードライバーから教えてもらえるというので説得力があるでしょう。また、教える側にとっては、自分の技術をひとに伝授することでモチベーションアップにつながります。Aタクシーは、「地域社会に貢献するよい会社」としてイメージアップになるでしょう。

加えて、「従業員を大切にしている会社」ということでは、従業員の健康診断を年1回から2回に増やすこと、血圧計を会社に常備し、毎日タクシーに乗車する前に血圧を測り、健康管理に役立てることなどを提案しました。

弱点もアプローチ次第で「売り」になる

このケースで我々が狙っているのは、先ほど挙げた、売上げをアップさせる3つの方法のうちの「新サービスの開発」です。従業員の多くを占めるシニアドライバーが活躍できる制度（サービス）を充実させることで、従業員のモチベーションアップと企業イメージの向上が図られ、その結果として乗客数が増え、売上げアップにつながるだろうと予測したわけです。

その後同社では、ドライバーのネクタイの統一をはかったほか、血圧計を設置し従業員に毎日計測することをうながして、健康維持に取り組みはじめました。また、イメージアップを目指して社屋の外装工事を行いました。

本ケースは現在進行形の支援事例なので、まだ結果が出ていません。ただ、**相手が弱点としか思っていないようなネガティブな部分でも、アプローチの仕方によっては強力な「売り」になる**のだということをわかりやすく示す例として紹介しました。

ITEM

03

売上げアップ策を考えるにはキーワードを書き出してみる

ビジネストレンドや社会のトピックとの結び付きを検討しよう

繰り返しになりますが、企業支援のスタートは「売り」「セールスポイント」の発見です。「この会社の光るところはどこか」をヒアリングのなかで徹底的に探る。その見極めが最も重要なポイントで、それを的確に判断することができれば、取引先を稼ぐ企業に変える仕事の8割はできたものといってもいいくらいです。

ですから「セールスポイントはここだ」と確信できるまで、その先へ進んではなりません。その確信も、自分だけの確信ではなく、相手企業も納得するものでなければ後々うまくいかなくなってきます。これについてはあとで詳しく説明します。

次に、そのセールスポイントが最も効果的に発揮される売上げアップ策は何かを最初に挙げた3つの方法に当てはめて考えてみるのですが、どれがふさわしいかを検討するためには、**ヒアリングで聞き出した情報から頭に残ったキーワードをランダム**

に並べてみるとよいでしょう。私はメモをとりませんが、慣れるまでは、紙に書き出してみることをおすすめします。

前項で紹介したAタクシーのケースでは、「高齢化」「若手の人材不足」「ベテラン」「飽和状態の業界」……といったキーワードが並びました。

◉社会状況と照らし合わせて着眼点を変えてみると…

キーワードを書き出したら、**出てきたキーワードのなかに、ビジネストレンドや社会のトピックと結びつけられるものはないか**と考えます。ここで私がすぐに思いついたのは、日本全体が人口減・高齢化に転じている状況のなかで、国が「働き方改革」の一環として、現在多くの企業が採用している「60歳定年制」の延長を企業に求める動きがあることでした。

つまり、高齢者を多く雇用しているAタクシーは、国が推進していきたいことを率先して実行している課題解決先進企業といえるわけです。実態は、若手の人材が集まらず、やむを得ずそうなっているのだとしても、社会状況と照らし合わせて着眼点を変えてみることで、まったく違う見え方になり、本人たちが弱点にしか思っていない

売上げアップを考えるには…

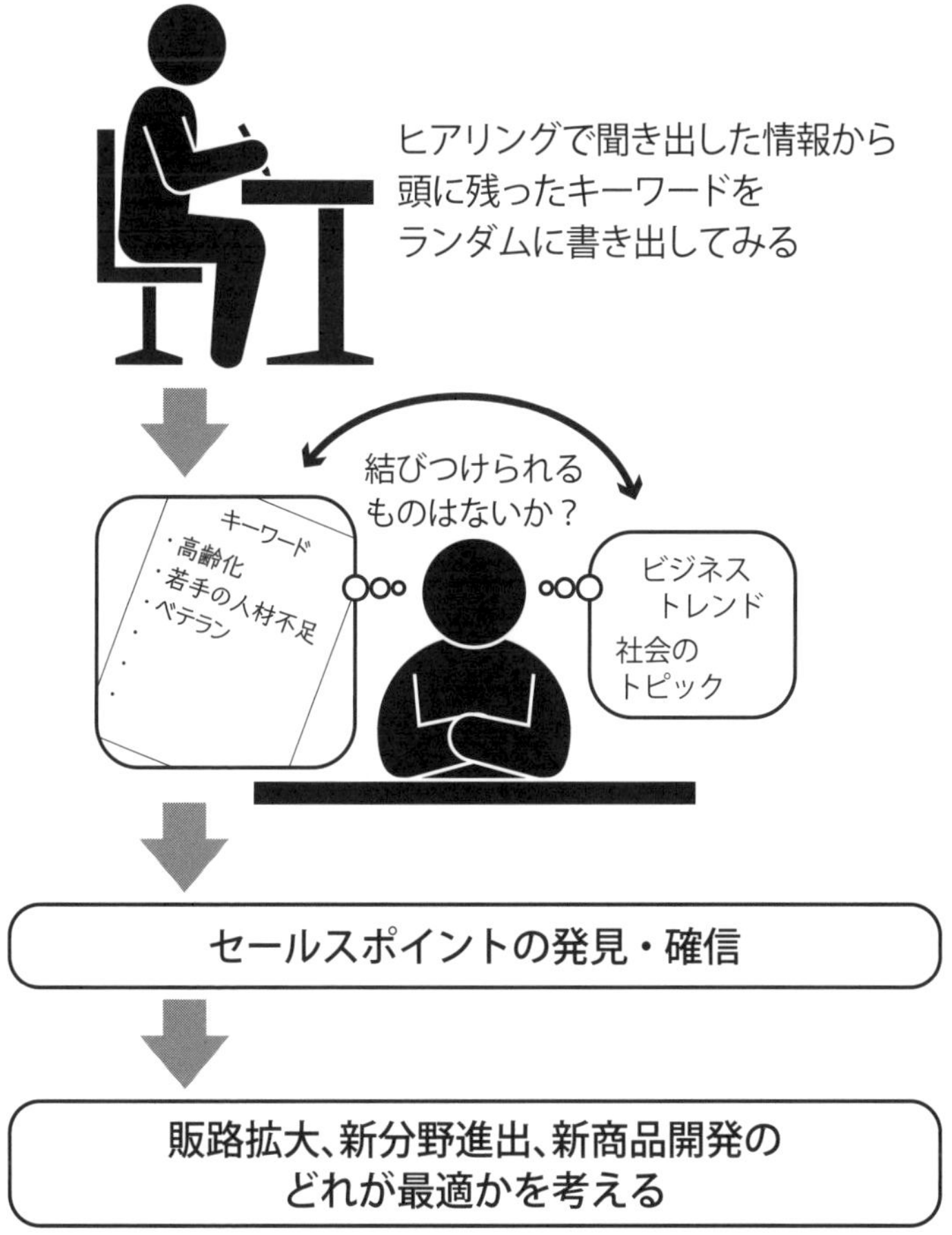
ヒアリングで聞き出した情報から
頭に残ったキーワードを
ランダムに書き出してみる
キーワード
・高齢化
・若手の人材不足
・ベテラン
結びつけられる
ものはないか？
ビジネス
トレンド
社会の
トピック
セールスポイントの発見・確信
販路拡大、新分野進出、新商品開発の
どれが最適かを考える

ことがその会社の「光る部分」だと気づくことができるのです。

●売上アップの3方法のうち、どれが最適かを考える

セールスポイントに確信を持つことができたら、売上げアップ策を考えるのはそう難しいことではありません。なにせ、販路拡大か、新分野進出か、新商品・サービスの開発か、の3つのどれが最適かを当てはめて考えてみればいいのですから。

シニアドライバーから新しい販路はイメージしにくい。技術力と経験を兼ね備えたベテランドライバーという人材が豊富なのに、その蓄積を活かさずに「新分野進出」もないだろう。たとえアイデアがあったとしても、資金がかかり、失敗した場合のリスクが大きい。では、すでにあるベテランドライバーという資源を活かし、お金をかけずに売上げアップにつなげるには……。

ここで先ほどの「定年延長」が出てくるわけです。

全国に37万人といわれるタクシー運転手の平均年齢は約57歳。70代の運転手もいるなかで、Aタクシーは労働力としての高齢者を率先して活用しているとPRすればいいのではないか。加えて、従業員の健康管理や福利厚生を充実させることと、地域の

お年寄りに喜んでもらえるような新サービスを展開することで、企業のイメージアップになり、そうなれば、社会的に意義のある活動を行っている会社としてメディアも注目するだろう。そうするうちに、ファンがつくようになり、売上げアップにつながるに違いない。

このケースは、従業員向けの新しい制度をつくることと、企業イメージを高める地域貢献サービスを始めること、つまり、「新サービスの開発」でいこう――。

Aタクシーの社長との最初の面談で、ここまでシナリオを描きました。時間にして1時間のことです。

ITEM

04

取引先企業が納得しなければどんな提案も成功しない

こちらの提案に「腹落ち」させるには、類似の成功事例を示すことが効果的

先ほど、こちらの提案に対し、相手企業が納得することが大事だと述べました。なぜなら、その提案内容にこちらがどんなに自信を持っていたとしても、実際にビジネスを行っているのは我々ではないからです。本人たちが、半信半疑でこちらの提案を聞いているようでは、プロジェクトに身が入らないでしょう。本気で取り組むためには、心底、我々の提案に納得し、やってみようという意欲を持つことが大事なのです。

では、どうやって相手に納得してもらうか。

Aタクシーのケースで私が社長にお話ししたのは、社会環境として、高齢化が進み、労働人口も縮小するなかで、定年延長や定年制の廃止が政府で活発に議論されているということ。そしてそうした状況のなかで、御社は率先してこの問題に取り組んでいる会社といえる、ということです。

こう説明すると、相手はたしかにそうだと腑に落ち、こちらの提案に対して、前向きに考える姿勢を示してくれるようになります。

相手は経営者です。ビジネス的なメリットや合理性があると判断すれば、必ずこちらの話に耳を傾けてくれるはずです。

このように、**納得性の高いストーリーを組み立てられるかどうかで企業の売上げアップに貢献できるかどうかが決まってきます。**

第1章で、日頃からニュースやビジネストレンドにアンテナを張り、情報をビジネスに活かせる知恵に変える習慣をつけることが大事だと述べました。それはすべて、こうした高いコンサルティング力を身につけるためのスキルアップトレーニングなのです。

取引先を「納得」させ、「腹落ち」させるには…

我々の取り組みはすべて、相手が「納得」し、「腹落ち」して初めて機能するものです。

売上げ不振に陥っている企業のほとんどは、自社製品・サービスが「売れない」という共通の悩みを抱えています。第1章で紹介した椿油専門店「サトウ椿」もそうでした。**「売れなくて困っている」と言われたら、まず「それでも買ってくれているところはありますよね。それはどういうところですか？」と聞いてみてください。**

サトウ椿の場合、そこで、世界的に評判の高い最高級の外資系ホテルが取引先であることがわかりました。それがいかにすごいことか本人たちは気づいていませんでしたが、私はすぐに世界的権威のある格付けガイドのミシュランを連想しました。世界でもトップクラスの最高級ホテルで採用されている商品ということは、ミシュランが認定する星付きのレストランと同じ意味があるということです。

「社長、ミシュランガイドに載っているレストランはどこも予約がとれない繁盛店になるじゃないですか。御社の椿油も〝最高級外資系ホテルで採用されている油〟として売り出せば、ミシュラン現象と同じようにヒットする可能性がありますよ」

そう伝えると、初めて「なるほど、そういうことか」と腑に落ちている様子でした。これが取引先を聞いたときに、単に「そんな高級ホテルで扱ってもらえるなんてすごいですね」で終わってしまったら、その先には進めなかったでしょう。なぜなら、サトウ椿にとっては、単にたくさん買ってもらっている取引先で、有名なホテルかもしれないけれど、それがどうしたの？　という状態だったのです。

しかし、最高級ホテルに採用されていることの意味をミシュランによる認定と同じだと説明することで、相手は初めてビジネス的なメリットを想像できるわけです。そこでさらに、もっとわかりやすくこうたとえました。「ミシュランの三ツ星レストランで使われているレタスといわれた瞬間に、最高級のレタスになる。御社の椿油もそれとまったく同じです」と。

これで確実に、なぜ最高級外資系ホテルが取引先であることが最大のセールスポイントになるかが相手に伝わります。

このように、**相手にこちらの提案を腹落ちさせるには、類似の成功事例に当てはめて指摘するのが効果的**です。

類似のヒット商品を挙げて、ビジネス的な裏付けを示す

こんなケースもあります。ライフスタイルが変化するなかで売れなくなっていた神棚について、現代的な洋風の住まいにもインテリアとしてなじむ新商品としての展開を提案。「モダン神棚」というネーミングで発売したところ、発売1年で前年比売上げ40%アップを実現しました。静岡県吉田町にある静岡木工という会社のケースです。

このとき、こちらの提案に相手を腹落ちさせる話題として持ち出したのは、神棚と類似の仏壇の業界のことでした。仏壇の世界もまた、現代のライフスタイルに合わず、従来の黒塗りの仏壇は売れなくなり、業界全体として厳しい状況にありました。いまや衰退産業のひとつといえるでしょう。しかし、そんななかでも、右肩上がりに売上げを伸ばしている仏壇会社がありました。それはモダンなデザインの仏壇で、扉を閉めてしまえば洗練された棚にしか見えない仏壇を商品化し、「現代仏壇」というネーミングで販売している会社です。

神棚の会社に、このヒット商品の話をしながら、同じ商品特性のある神棚も同様に、神様をまつるところというよりも、むしろお札の収納スペースとしてＰＲしてみてはと提案したところ、こちらの意図が一瞬にして伝わり、すぐに販売に向けて動き出したのでした。

・セールスポイントを明確化する
・ターゲットを絞り込む
・効果的な連携先を考える

この3つは、f-Bizのコンサルティング手法の核といえるポイントですが、それぞれを提案する際、**相手企業を納得させる材料として、同じような別のパターン、つまりは類似のヒット商品や成功事例を挙げて、ビジネス的な裏付けを示す**ことは欠かせないのです。

それは何も同じ業界、業種に限りません。サトウ椿のケースも業界はまったく違いますが、ブランド力がアップするという意味で、超高級ホテルが扱う商品と、ミシュランの星付きレストランとは共通しています。

ITEM

05

セールスポイントを最大限に発揮できる市場を考える

ターゲットの絞り込みから販売戦略へ

こちらが発見した取引先企業のセールスポイントを、相手も納得し、腹落ちしていることが確認できたら、次のステップに入ります。

明確になった強みを最大限に活かせるマーケットはどこか、どんな顧客に向けて、どのようなアプローチをすれば効果的かを分析し、ターゲットを絞り込むのです。

商品やサービスは魅力的なのに、なぜか売れていない。業績が悪い。そうした企業も少なくありません。その原因の多くは、顧客にその魅力が伝わっていない。つまり、ターゲットの絞り込みができていないケースがほとんどです。特に商圏が狭く、商品アイテム数が少ない中小企業にとっては、**ターゲットはできる限り明確にして、絞り込むほうが成功する確率が高い。**これまでの経験からいえることです。

では、どのようにしてターゲットの絞り込みを行えばいいか。どうすればその企業の強み、セールスポイントが生き、売上げがアップし、稼ぐ企業に生まれ変わることができるのか――。

もう一度、先ほどのサトウ椿の事例で振り返ってみましょう。

●商品が使われるシーンを想像してみる

椿油は希少で、搾油に手間ひまがかかることから、どうしても値段が高価になってしまいます。卓上ボトルの180㎖で2700円ですから、最高級のエキストラヴァージンオリーブオイルと同クラスです。事前のヒアリングで、酸化しにくく食味がさらっとしていて、天ぷらなどの揚げ物に最適の商品特性から、既存の顧客はホテルの天ぷら店か天ぷら専門店が主だと聞いていました。

そこから想定されるユーザーは誰か。浮かぶのは、天ぷら専門店や日本料理店、それに高級志向の食にこだわる一般の消費者です。これでターゲットの絞り込みができました。

次に、**そのターゲット層に訴求する戦略を考えます**。どんなコンセプト（商品やサービスの特徴）で商品イメージを作り上げるか、それをどんなキャッチフレーズでP

ターゲットの絞り込みと販売戦略の策定

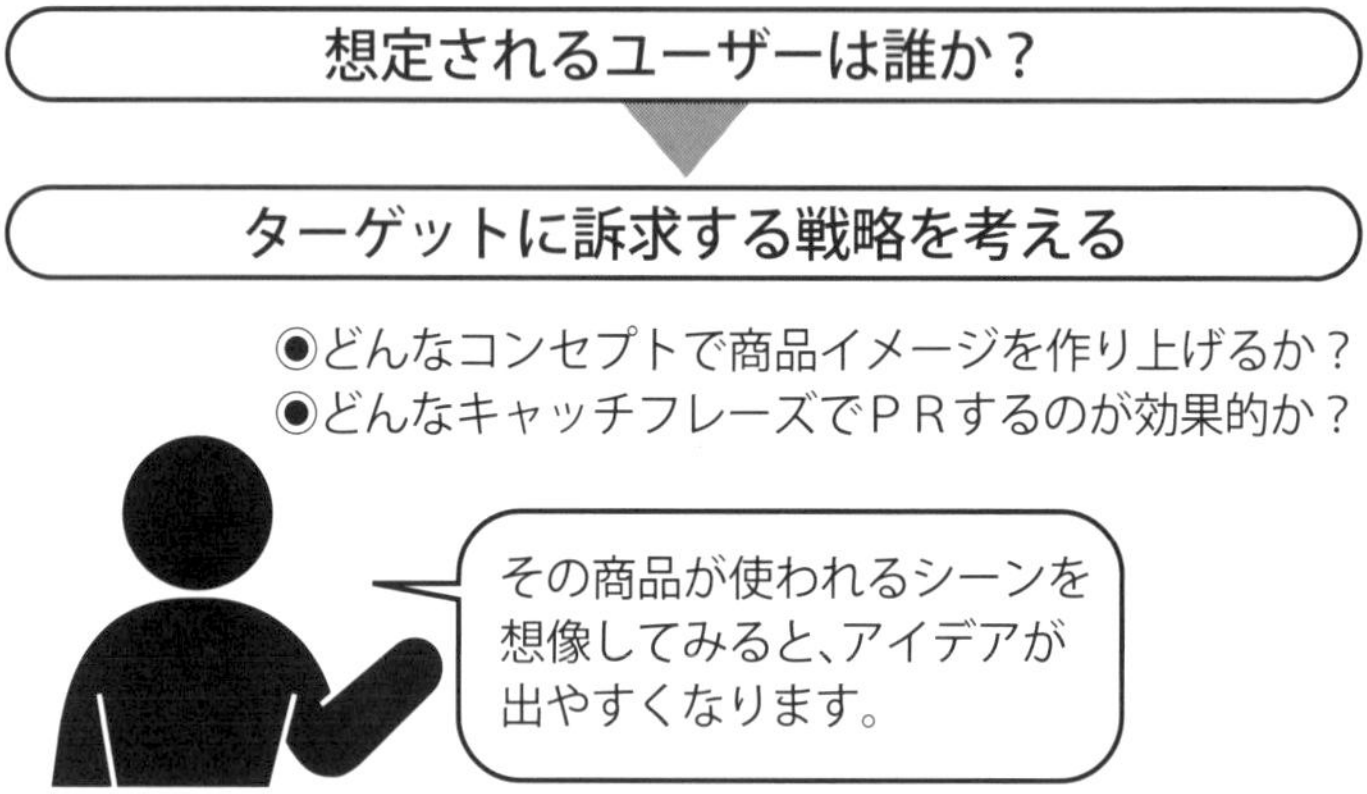
想定されるユーザーは誰か？
ターゲットに訴求する戦略を考える
◉どんなコンセプトで商品イメージを作り上げるか？
◉どんなキャッチフレーズでＰＲするのが効果的か？
その商品が使われるシーンを想像してみると、アイデアが出やすくなります。

Ｒすればより効果的かを考えるわけです。要は、ターゲット層に向けてどんなメッセージを発信すれば買ってもらえるかということです。

　具体的な方法としては、**商品が使われるシーンを想像する**といいでしょう。これは、どんな嗜好や価値観を持った顧客がどんな用途・場面でその商品を利用したいと思うか、どんな売り方をすれば彼らのニーズにフィットし、喜ばれる商品・サービスになるかを予測し、それを盛り込んだ見せ方・伝え方を仕立てるのです。

　サトウ椿の椿油では、「天ぷら専用」に特化した油であることをパッケージにうたい、「からりと軽く揚がる」「サラッとして食材の風味を活かす」「劣化しにくい」といった商品特性をわかりやすく打ち出しました。

これにより、天ぷら専門店のほか、首都圏の和食などの料理店から次々に注文が入り、結果、個人向けにも売れるように。うなぎ登りに売上げが向上し、ネット通販を始めると全国から注文が入り新規顧客を獲得するとともに、リピーターも増加。一過性ではなく、好調な販売実績を維持することに成功しています。

このように、セールスポイントが明確であり、オリジナリティが際立っていればいるほど、ターゲットの絞り込みや、そこからの販売戦略はクリアかつ最適な流れで構築することができるのです。ですから、最初のセールスポイントの発見がいかに重要であるか、ここでもおわかりいただけたと思います。

ITEM

06

他社との連携・マッチングで相乗効果を狙え！

企業がビジネスマッチングで成果を上げるには

取引先企業のセールスポイントが最大限に活きる戦略を練るなかで、ときにその会社単独で展開するよりも、同業他社、あるいは別の分野の企業や団体などと連携、マッチングすることでビジネスチャンスが大きく広がるケースがあります。

私は静岡銀行時代に7年半のあいだM&Aのアドバイザー業務を担当していました。M&Aは究極のビジネスマッチングです。取り組むにあたっての最重要ポイントは、相乗効果を生むことです。1＋1が3になったり4になったりすることを前提に対象先を見つけます。

こうした経験から、一企業単独で成果の上がる戦略やプランを構築できない場合や、より大きな展開に発展させたい場合などに、新たなビジネスチャンスを生む手段として連携が特に有効なのはわかっていました。

「連携」が成功するには、双方にとってメリットがあり、相乗効果を生むものであることが必要条件となります。したがって支援する側としては、やみくもに連携先を紹介するのではなく、**コラボレーションする企業同士にＷｉｎ・Ｗｉｎの関係が成り立つかどうかを見極めながら、コーディネートを進める**ことが大切です。

では、企業が連携（ビジネスマッチング）によって成果を上げるにはどのような戦略を立てればいいのでしょうか。具体的な事例で考えてみましょう。

ただ引き合わせるだけではうまくいかない

紹介するのは、浜松市の特産品であるうなぎを活用した新商品開発に明確なブランディングを施し、一大プロジェクトに成長させた事例です。

きっかけは、浜松市で造園業を営む「コスモグリーン庭好」の社員の伊藤さんから相談を受けたことでした。造園業の多角化を目指し、２０１０年7月から農業に参入した同社は、放棄地を借りて農業をはじめ、試行錯誤を続けていました。しかし、生産したさつまいもは形が悪く、加工品にしないと売れないしろもの。何か策はないかと思案するなかで、「浜松といえばうなぎ」に注目。廃棄されたうなぎの残渣《ざんし》を引き取り、草木のチップとともに加工してたい肥をつくり、その豊かな土壌でさつまいもをつくることにしました。その名も「うなぎいも」とユニークなネーミングで売り出したのですが、全く新規の農業参入であることもあって苦戦しているとのことでした。

伊藤さんは「新たな商品開発がしたい」という希望でしたが、私は「うなぎいも」のブランド確立が何より先決だと考えました。「浜松といえば、うなぎ。うなぎといえば、うなぎパイ」と連想できるぐらいまで「うなぎいも」が浜松産のブランド野菜として認知されるようになれば、その加工品も売れる商品に育つと考えたのです。

問題は、どうやってブランド化するかでした。もともと農業生産者でないコスモグリーン庭好一社で取り組めるものではなく、同社はすでに、農家や事業者など複数社と連携し、いもの栽培や商品化を実現していました。これをより有効に活かすためには、浜松を「うなぎいも」の産地として盛り上げるためのプロジェクトであることを明確化し、**地元の企業や生産者などに呼びかけ、ビジネスプロジェクトとして取り組んだほうが効果的ではないか。ブランドとして展開するにあたって象徴するキャラクターをつくり、統一したイメージを浸透させたらどうか**。そう考えました。

「地元企業が新たな地域ブランドをつくるために結集」。そんなストーリーが描けたら、メディアも注目するに違いないし、成功すればすべてのステークホルダーにとってメリットがあります。連携が成功する鉄則、「Ｗｉｎ－Ｗｉｎの関係を築けるか」という条件にも合致します。

こうして発足した「うなぎいもプロジェクト」には、趣旨に賛同する地元有志が集まり、１年後には賛同者が製菓会社などの企業41社、生産に携わる農家25軒、個人会員も１５０人にまで拡大しました。

このプロジェクトから生まれたヒット商品としては、県内大手菓子販売会社の「たこ満」とコラボレーションした「うなぎいもタルト」があります。静岡エリアのサービスエリアや東海キヨスクなどで販売され、おいしさもさることながら、オリジナルのキャラクターがデザインされたパッケージも人気で、好調な売上げを記録しています。

たこ満には以前から別の経営相談を受けており、生産者であるコスモグリーン庭好と加工業者であるたこ満が連携することによって、魅力的な商品開発ができるだろうと予測し、我々から連携を持ちかけたのです。

農林水産業の６次産業化がよくいわれますが、加工のノウハウや流通販売戦略に長けている製造加工専門会社と組んだほうが結果的にお互いメリットがある場合も多く、すべての１次産業が加工や販売までできるようになるのがベストとは限りません。

「うなぎいもプロジェクト」からは、数多くのヒット商品が生み出されることになった

コーディネートする前提として、先にも述べたように、両者のニーズを明確にとらえていること、相乗効果を生むことが重要です。ただ引き合わせるだけではうまくいきません。

生産者と飲食店の連携でWin-Winを実現

もうひとつ、連携の事例を紹介しておきます。農家とクレープ店とのコラボで野菜や果物を使った洋菓子を製造・販売し、ヒット商品を生んだケースです。

f-Bizのある富士市周辺は農業も盛んなため、農業生産者からの相談も多く持ち込まれます。そのなかに、富士山麓で「紅ほっぺ」というイチゴを栽培する生産者と、ブルーベリーを栽培する生産者からの相談がありました。二人とも女性なのですが、彼女たちは果樹農家のかたわら、自分たちが栽培している果物を使ったスイーツなどを提供する農家レストランをそれぞれ営んでいます。

近年、農家レストランや農家カフェは、地産地消やスローフード、オーガニックなどの食志向の流行を受け、全国的に人気の業態です。彼女たちのレストランもそれなりにお客は入っていたのですが、共通の課題を抱えていました。それは、二人とも料理の専門的な知識や経験があるわけではなく、自分たちの提供している料理に自信がないということでした。

調理技術を補える方法はないか。彼女たちのなかでどうにかするよりも、どこかと連携したほうが効果的に違いない。そう考えました。なぜなら、飲食店においては食としての「おいしさ」がなければ客はリピートしません。珍しさだけでは、一度は立ち寄っても二度は来ないからです。

考えを巡らせているなかで、f‐Bizの相談者でもあり、富士市を中心に多店舗展開しているクレープ店「オレンジポット」の社長のことが思い出されました。社長は何かあるとf‐Bizに相談に来ており、地元の農業を活性化する事業に取り組みたいとの意欲を時折話してくれていました。

クレープ店と農家レストランのコラボレーション。これはWin‐Winの相乗効果が生まれる可能性が高いぞ。そう直感しました。

クレープ専門店にとってみれば、クレープをつくる技術というのは粉の配合から焼き方、具のレシピまで企業秘密であり、基本的には同業他社に公開したりしないでしょう。ですが、その自社開発した秘伝のレシピを農家に伝授し、つくりかたまで指導してもらえれば、農家支援につながります。「地元農家を応援したい」というこの会社なら、力を貸してくれるかもしれません。

また、農家の彼女たちにとっては、「プロの技を習得して新メニューを開発することで客層を広げ、店を活性化させたい」という希望がかないます。農家とクレープ店、双方のニーズがしっかりマッチングするわけです。しかも、自家製のフレッシュな果物を使ったクレープはヒットするに違いありません。農家は潤い、一方のクレープ店にとっても、地元農家と連携した商品が店に並ぶことで、価格ではない付加価値が加わり、他社との差別化をはかることができる――。こうして、最高のＷｉｎ‐Ｗｉｎのマッチングが実現しました。

この連携は、地域への波及効果も大きく、農家が生産物を加工販売することで活性化をめざす6次産業化の推進の好事例として、テレビや新聞など地元メディアがこぞって紹介してくれました。その影響もあり、二人の農家のレストランは大盛況。クレープ店も地産地消の新鮮な果物を使った新メニューの開発で、他社との差別化、新規顧客の開拓につながりました。

また、今回の連携がきっかけで、オレンジポットは管理栄養士とコラボし、アスリートを応援する新メニューを開発するなど、他社との協力事業に取り組み、地域活性化に貢献しています。

ITEM

07

売上げが落ちている事業にも「光るところ」はある

企業のセールスポイントは売上げに直結しているとは限らない

取引先を儲かる会社にブレークさせるために、その企業のセールスポイントを明確にするわけですが、ときには**売上げが落ちている事業に大きなビジネスチャンスが隠れていることがあります。**

たとえば、第1章でも紹介したイトー。同社の高い技術でつくられていた綿ほこり除去製品は国内すべての紡績工場に納入されていましたが、グローバル化が進み、紡績業界全体として海外シフトしていく中でその売上げは落ちていました。

企業との面談の際、気をつけなければいけないのは、売上げが落ちていると言われたとしても、支援者はその商品にセールスポイントが無いと思い込んではならないということです。先入観を持たずに、話をよく聞くことです。経営者は往々にして自分の会社の強みやセールスポイントを的確につかめていないことがあるという話をしましたが、売上げが落ちていたとしても、既存の技術にオンリーワンとなり得る光る部分が隠れている場合があるからです。

イトーはまさにそうでした。グローバル化が進むまで、日本には紡績工場向けに綿ほこりを除去する道具を製造する会社が5～6社はあったそうですが、次々となくなり、同社のみが生き残ったのです。それでも業界の海外シフトは依然として進み、綿ほこり除去製品の売上げは落ちていきました。しかし、視点を変えれば、同社の製品は品質管理の厳しい大手紡績工場でシェア100％という、技術の確かさを語る数字を叩き出していました。可能性を拓くカギはこの技術にあると手応えを得たのです。

このケースが示しているように、取引先の光るところを探す段階では、全体の売上げの何パーセントを占めている事業かなどいうモノサシで対象を見ていると、真のセールスポイントを見誤る危険性があります。

本業に限らず、すみずみまで相手のことを知る努力をせよ。 肝に銘じてください。

「御社の強みを書き出してきてください」

とはいえ、対面している限られた時間の中では、相手の意識の中に浮かんでこない

ビジネスチャンスは意外なところに…

ここにビジネスチャンスが
隠れている場合も多い
売上げ
シェア
売上げに占める割合といった
モノサシでは、セールスポイントを
見誤ります。

情報も多く、思うようにヒントとなる話を引き出すことができない可能性もあります。そのようなときには、**取引先企業に「御社の強みを書き出してきてください」と依頼する**のも一手です。

イトーについてもそうでした。伊藤専務のメモに、「自社の綿ほこり除去製品は一度とらえた綿ぼこりは逃さない」と書かれていて、しかもシェア１００％というのですから、思わず「すごいじゃん！」と声をあげていました。30ページでふれたように、**「すごい」と感じたことが企業の「光る要素」**なのです。

強みを見つけようとするとき、どうしても売上げが多い仕事に目がいきがちですが、売上げが落ちていても、続いているのにはわけがあります。イトーの場合、日本で自社しか製造していないという、わかりやすいオンリーワンな特徴から、最大の強みが見つかりました。

ちなみに、**起業家の強みを探すときは「あなたの年表を書いてみてください」と依頼することがあります。** f-Bizで起業を応援した税理士で、資産税のことを一生懸命勉強したのでとても自信があるという方がいました。でも資産税に強い税理士はたくさんいます。そこで、中学時代にさかのぼってご自身の年表を書いてきてほしいと依頼しました。

できあがった年表を拝見して思わぬ情報が見つかりました。当時、投機の対象として連日メディアを賑わせていた「仮想通貨」の論文を書いていたのです。そこで、仮想通貨の台頭で大きな影響を受ける地域金融機関を対象に、仮想通貨の仕組みを学ぶセミナーの講師をしてみないかと提案し、f-Bizで開催しました。

地域に古参の税理士が多数いる中で、新顔の税理士は金融機関に挨拶にいっても名刺交換程度で終わってしまうものです。しかし、このセミナーを開催したことで彼は「先端の金融システムに詳しい先生」として知られることとなり、その後顧問先も増え、自宅の一室だった事務所が手狭になり、事務所も構え忙しくしています。

ITEM

08

お金をかけることなくビジネスの流れを変える

「カネがないので無理」で終わってしまわない提案を

ここまで、すでにいくつもの企業支援事例を紹介してきましたが、そのすべてに共通する点が一つあります。それは、「ほとんどコストをかけずに売上げアップにつなげている」ということです。

中小企業、小規模事業者はみな、大手企業と違ってヒト、モノ、そしてカネに弱点を抱えています。通常、新商品の開発や新分野に進出するには、大きな資金が必要になります。しかし、我々が支援する地域の小さな企業で資金的に余裕のあるところは少なく、新しいチャレンジに資金を回す余裕がありません。ですから、「売上げを増やすために新商品を開発してはいかがですか」「不採算事業を整理して、新分野に進出しませんか」と提案したところで、「カネがないので無理」で終わってしまいかねません。

我々f‐Bizでは、**「いかにしてカネをかけずにビジネスの流れを変え、売上げ**

アップに結びつけ、継続的に稼げる企業に育てていくか」というサポートにとことんこだわっています。これは、金融機関のみなさんにもしっかりと意識していただきたいポイントです。

我々は公的機関ですから、相談企業にリスクを負わせることはできません。つまり、自分たちの提案で、相手にダメージを与えるようなことがあってはならないわけです。では、究極にリスクを抑える方法は何かといえば、お金をかけないことです。支出が少なければ少ないほど、もし仮に成果が上がらなかったとしても、今回はうまくいかなかったという事実が残るだけで、傷はほとんど受けていませんから、すぐにまた違う方法でチャレンジすることができるでしょう。

金融機関にとっては、資金調達の必要が発生しないのでは何のメリットもないじゃないかと思われるかもしれません。しかし、コストを極力抑えて、究極はまったくカネをかけずに売上げアップが実現できれば、相手から絶大なる信頼を獲得することができるでしょう。業績がよくなれば、新たな資金需要が生まれ、その際には必ず助けてくれた金融機関に融資の依頼が来るでしょうし、いまのところ企業支援で結果を出している金融機関は少ないので、同様に困っている経営者仲間に、「あの銀行は親身になって相談にのってくれるし、コストのかからない売上げアップ策を一緒に考えてくれて助かった」などとすすめてくれることもあるでしょう。

こうしたリアルな口コミの評判ほど信頼できるものはありませんから、必ず地域のなかで選ばれる銀行になることができるはずです。

実際、f‐Bizは金融機関ではありませんが、開設当初は130件程度だった月平均相談件数が、4年後には200件まで増加し、9年経った現在では360件と飛躍的に伸びています。これも、相談に訪れた方々が「f‐Bizに行けばなんとかなる」「f‐Bizに相談すれば、いい方向へ変えられる」と実感し、それを広めてくれているからです。

また、倒産寸前だった会社が、我々が関わったことでV字回復を果たすことができたというケースも少なくありません。そうした劇的なケースはメディアに取り上げられやすく、f‐Bizの認知度が一気にアップすることになりました。

●お金のかわりに「知恵」を出せ

融資など従来の金融ビジネスのように目先の利益にはつながりにくいかもしれませんが、取引先を支援することでそれぞれの企業が元気になれば、金融機関も潤うことになります。そしてそうした取り組みは、地域企業やメディアから評価され、地銀再編が進むであろうこれからの時代に、持続可能なビジネスモデルとして確立するに違いありません。**これはまさしく、金融庁が地域金融機関に対して求めている、「顧客との共通価値の創造」にほかならないでしょう。**

「カネをかけずにビジネスの流れを変える」。言うのは簡単ですが、それを実現するためには、高いコンサルティング能力が必要です。私はよく「カネを出さずに知恵を出せ」というのですが、ここでいう「知恵」とは、具体的に対象企業の流れを改善させられるビジネスチャンスのことをいいます。

ITEM

09

やるかやらないかの意思決定は企業側に委ねる

アイデアは出して提案もするが、推奨はしないのが鉄則

販路拡大など売上増強のアドバイスを行う場合、リスクヘッジという観点から、もう一つ注意が必要な点があります。取引先企業と一緒にビジネスの流れを好転させる方法を考えていくわけですが、我々はこうするといいという提案はしても、決してそれをすすめることはしません。

金融機関の場合、ともすると融資が結びついているため、顧客に積極的に推奨するケースが見受けられます。これは危険です。なぜなら、こちらがすすめたことがうまくいかなかった場合、責任を問われるリスクが生じるからです。

ですから我々は、**いろいろなアイデアを出して提案はするものの、やるか、やらないかの意思決定はあくまで相手に委ねています**。これは金融機関のみなさんにとっても重要な点ですから、しっかり頭に入れておいてください。

連携先の提案も1社には絞らない

顧客の話を聞いているなかで、いろいろなアイデアが浮かび、ビジネスの可能性が広がりそうだと思うと、つい「やりましょう」と言いたくなる場面もあると思いますが、そこは慎重になる必要があります。言い方としては、「こういう方法があって、こんな可能性がありそうですが、いかがですか?」というように、相手に決断を促すようにもっていくといいでしょう。

相手が、その提案に対して、自分たちなりに納得し、腹に落ちることが大切で、ビジネスチャンスを感じれば「やりたい」と言うでしょうし、うまくいくだろうという展望が描けなければ乗ってきません。前にも述べたように、実際にやるのは企業ですから、**彼らが納得し、やってみたいと意欲を持つことが大事**で、それがなければ成功しません。

たとえば、金融機関は取引先企業の経営改善を目的に、販路開拓や連携などにつながる企業を紹介する「ビジネスマッチング」を行っています。企業と企業のマッチングの場においてありがちなのは、金融機関がA社に対してふさわしいのはB社だと決めて紹介するケース。しかし、このやり方では、失敗した場合に大きなリスクが生じる危険性があります。

我々は**連携先を提案する際も、1社に絞らずに、3社、4社と候補を挙げて、相手に選択してもらう**ようにしています。これは、金融機関がビジネスマッチングを行ううえでも鉄則です。

第3章

これが目利きだ!
事例で学ぶ小出流面談術

○○●○○○

「どんな企業にも必ずセールスポイントはあると言いますが、じっくり話を聞き、ありとあらゆる調査・分析を行っても、将来性があるように思えない企業はあります。どんな衰退企業でもV字回復させられるのは、f‐Bizが特別だからではありませんか？」

中小企業支援を長く続けていると、時折、こういう意見を投げかけられることがあります。

そのたびに申し上げているのですが、決して我々が特別なわけではありません。さまざまな専門性を持ったプロフェッショナルが集まってはいますが、実践していることは当たり前のことをシンプルに積み重ねているだけです。

この章では、私が実際に企業とどのような面談を行い、どんなところからその企業の最大の強みを発見し、売上げを伸ばす戦略を導き出しているのか、その会話のやりとりを再現してみたいと思います。

会話の内容は多少アレンジしていますが、すべてf‐Bizが支援を行った実在の企業であり、実際の事例です。

相談に来られた企業に私がどんな質問を投げかけ、その返答のどこに注目し、「目利き力」を発揮して提案に結びつけているか。みなさんにも考えていただきながら、具体的、実践的に振り返っていきます。「目利き力」を養うトレーニングとしてお読みいただければと思います。

CASE 1

石川総研

商品価値を最大に生かせるマーケットを見出し売れていなかった低温調理機をヒット商品に

概要

石川総研（静岡市・石川雄策社長）は、現社長の先代が創業した鉄工機器製造業です。大手電機メーカーの製造ラインを60年にわたり作ってきました。しかし、主力取引先だった大手メーカーの設備投資が激減し、その影響で製造ラインに関する仕事は10年間で約4分の1までにダウン。このままでは廃業もやむなしという厳しい状況を打開しようと、鹿肉や猪肉などジビエ向けの低温調理器など新商品を開発しましたが、関心を示す飲食店は少なく、まったく売れません。このまま事業を続けるべきか、やめるべきか。その瀬戸際での相談でした。

面談の実際

石川社長　本業の落ち込みをカバーするために当社の製造技術を活かして低温殺菌調理器を開発したのですが、まったく売れません。品質には自信があるのですが、ここまで売れないんだったらもう撤退したほうがいいのではないかと悩んでいます。

小出　いやいや撤退なんてもったいないですよ。ユニークな調理器じゃないですか。どこかに必ず活路があるはずですから一緒に考えていきましょう。そもそも、この商品を開発したきっかけは何だったのですか？

石川社長　ここ数年、野生の鳥獣被害が増えていまして、特に問題が深刻な鹿や猪の駆除対策に、ジビエ肉を加工する機械を開発してほしいと依頼があったんです。

小出　なるほど。だからジビエ専門を謳っているのですね。ほかの肉には応用できないのですか？

石川社長　いえいえ。どんな食肉にも使えますよ。鹿や猪の肉は身が固いので、やわらかくする技術で食べやすくしようというのがもともとの目的だっただけで。

小出　どんな肉にも使えるのはいいですね！　販路を広げられそうです。いまの段階で、導入してもらっているところはありますか?

石川社長　ブランド鶏を生産している大手養鶏場のA社さんで試験的に導入していただいています。うちの低温調理器は、低温でじっくり素材を加熱することで、肉の旨味が凝縮し、やわらかく仕上げることができます。その特性を活かして、チキンロールなどの加工品をつくっているそうです。ぱさつきがちな鶏肉もしっとりジューシーにできると高く評価していただいています。

目利きのポイント①
どんな顧客が買っているかを探る

商品が売れないと悩む企業は多いものです。企業の悩みの大半は、自社商品の販売不振にあるといえるでしょう。ただ、どんなに「売れていない」といっても、利用してくれているユーザーが一社はあるはずなのです。**どんな顧客がいるかを知ることは、セールスポイントを発見する手がかりにもなります。必ず確認してください。**

そして、**その回答のなかに、有名企業や一流店、こだわりの店などがあったら、そこが注目ポイントになります。**石川総研の場合、地元でかなり有名なブランド鶏を生産している有名企業の名があがりました。ここの商品は、百貨店でも取り扱われていて、ギフトにも選ばれている高級鶏です。品質には相当こだわっているはずで、この会社が採用しているということは、クオリティに対してのお墨付きを得たも同然です。既存顧客に、この商品の価値を評価している養鶏場がある。ここに注目することができれば、同社のセールスポイントは自ずと見出せるはずです。

こうした話を聞いたら、「すごいですね」で終わらず、それがセールスポイントとなる確信が得られるまで、相手の反応や評価を引き出せるだけ引き出してください。このとき、必要な情報をうまく引き出すコツは、前にも述べましたが「ほめる」ということです。

同社のセールスポイント、それは、「品質にこだわる大手に採用されるクオリティの製品を製造販売している」ということに他なりません。品質にこだわる大手が採用しているということは、いまは売れていなくとも製品のポテンシャルはかなり高いということ。必ずブレークする方法があるはずです。その旨を伝え、相手のやる気を引き出していくようにします。

目利きのポイント②

売れない要因を分析する

売れていないものを売れるようにするための鉄則は、すべてゼロベースで考え直すことです。これまで勝負していた市場にとらわれてしまうと、石川総研の例で言えば、ジビエマーケットの中で販路をどう広げるかという発想しかできなくなります。

まっさらな状態に立つには、**「なぜ売れないのか」の要因分析を行う**のが有効です。「モノはいいのに売れない」のには必ず原因があります。それを突き止め、従来の市場にとらわれない戦略で新しくマーケットを開拓しようという大胆な発想の転換が必要なのです。

私は、「モノはいいのに売れない」主要な原因は、次の２つに分類できると考えています。

1　セールスポイントがズレている（ターゲット層にその価値が伝わっていない）

2　ターゲット層そのものがズレている

このケースの場合、最初から思っていたとおり、「2」のターゲットの読み誤りだと特定できました。どんな肉でもやわらかくするという価値がありながら、「ジビエ専門」というニッチすぎる市場で勝負していたことが要因だと考えたのです。

ニッチなこと自体は悪いわけではありません。ただ、冷静にマーケットを見渡せば、ジビエ専門の飲食店はごく少数です。外食産業の激戦区である東京でさえ数えるほどしかありません。インターネットで調べれば、そのヒット数の少なさからもマーケットの小ささがわかります。皆さんでもすぐ調べられることです。

難しい低温調理が手軽にできるという狙いはよかったと思いますが、マーケットがあまりにも小さいことが売れない要因だと考えたわけです。

目利きのポイント③
セールスポイントを特定し、売れる戦略を練る

次に考えるのは、ではどうすれば売れるのか。商品の価値を最大限に生かせるマーケット、支持してくれるターゲット層はどこかという販売戦略です。

この商品の強みは、かたい肉をやわらかくする、つまり「肉のおいしさをアップさ

せる」ことにあります。社長に商品の特色をたずねたところ、「安い肉が高級肉のようにおいしくなる」ということでした。「100グラム300円の肉が1000円に相当する味に変わる」とも言っていました。その言葉を聞き、それこそが最大のセールスポイントだと確信しました。

「この商品の特長は何ですか?」

「競合他社の類似商品と比較してどこか違う点はありますか?」

「この商品のこだわりは何ですか?」

面談で、このように取引先の商品やサービスの特長を尋ねてみてください。このケースのように、相手の反応から真のセールスポイントを見出せる確率が非常に高いです。

石川総研との面談で私がさらに注目したのは、大手養鶏場がチキンロールの加工にこの低温調理器を活用しているという話でした。チキンロールの形状、みなさん頭に浮かべてみてください。何かに似ていると思いませんか? 肉が巻いてあって、たこ糸で縛られている……そう、焼き豚、チャーシューです。

これは単なる連想ゲームではありません。相手から特定の商品や場所、人などの名称があがったとき、私は必ずそのビジュアルを頭のなかで思い浮かべるようにしています。チキンロールからチャーシューを連想したように、**画像をイメージすることで何らかのヒントが浮かぶことがある**からです。

チャーシューといえば、ラーメン。ラーメン店なら、ジビエ専門店よりはるかに市場が大きいことは言うまでもありません。

ラーメンブームが続く昨今、テレビや雑誌で紹介されるような人気店は肉の旨みやジューシーさが詰まった各店こだわりのチャーシューをつくっています。チャーシューのおいしさで客が集まる店もあるくらいで、ラーメン店にとってチャーシューは重要なメニュー。同社の製品をチャーシュー向けに売り出したらどうだろう――。

感度の高い方なら、ジビエ専門として販売していた低温調理器が売れないのは、市場が狭すぎるからだと推測できるかもしれません。しかし、そこから、ラーメン店のチャーシューを発想できる人は少ないのではないでしょうか。こうした思い切った発想の転換をするために、**「映像でイメージするといい」**とアドバイスしています。チキンロールの形状を思い浮かべ、ほかに展開できる似た商品はないかと考えて出てきたのがチャーシューでした。

ここから先も大事です。チャーシュー向けに展開したら売れそうだと思いついても、そのアイデアを提供するだけでは不十分です。支援の基本スタンスのところで述べた「成果が出るまで伴走する」というモットーを思い出してください。

ジビエ専門店からラーメン店へ、ターゲットを大きくシフトさせるわけですから、いかにこの製品がラーメン店に欠かせないチャーシューづくりに威力を発揮するか、その価値がラーメン店経営者にダイレクトかつ最大限に伝わるようにサポートしなければなりません。

目利きのポイント④
こちらの提案を相手に納得させる

前に指摘しましたが、どんな優れた提案も相手企業が納得し、やる気にならなければうまくいきません。このケースでは、これまでのターゲット層と大きく異なる市場で挑戦しようとしているのですから、我々の戦略の意図を相手が納得し、腑に落ちるまで説明することが大事です。それには、**わかりやすい例示をする**ことが有効です。

私が話題にしたのは、ラーメンブームについてでした。ラーメン特集はテレビでも雑誌でも人気で、行列のできる有名店はたくさんある。食べログなどネット上の情報も豊富。そうした超人気店はみな、チャーシューにもこだわっていてラーメンマニアの間では、どこそこの店のチャーシューがおいしいといった情報が口コミで広がっている。ラーメン店は全国に3万店以上あるといわれているので、ラーメン市場で挑戦すれば、市場が一気に拡大するでしょう――。

このように、**具体的かつ売上げアップにつながる可能性を客観的な情報をもとに提示する**ことで、相手は腑に落ち、チャレンジしてみたいと積極的なやる気を持つことができます。こちらの提案を強引にやらせるのではなく、本人たちの意思で動けるように導くことも支援者の大事な仕事です。

目利きのポイント⑤
その商品名はターゲットの心をつかむことができるか？

相手の納得を引き出せたら、いよいよ販売戦略を一緒に考える段です。ここでの課題は、ターゲット層であるラーメン店経営者に商品価値をわかりやすく伝えるにはどうすればいいかということ。どんなケースでも、真っ先に見直したいのは商品名です。

その商品名、サービス名はターゲット層に響くネーミングかどうかを、自分がタ

ーゲットになったつもりで想像してみるのです。

もともとこの商品は「ジビエ一番」という名前でした。ジビエ専門に特化していたからですが、再構築したターゲットはラーメン店。このままでは魅力がまったく伝わりません。セールスプロモーションやブランド構築に長けたｆ‐Ｂｉｚの杉本剛敏副センター長が中心となり、商品名を「チャーシューメーカー　三ツ星くん」と変更しました。三ツ星クラスのチャーシューができるとのメッセージが込められています。

さらに、商品イメージを伝えるためのパンフレットデザインも全面的にサポート。従来のチャーシューづくりと比較して、消費電力が少なくランニングコストが低いことや故障が少ないなどのメリットも明記しました。加えて、認知度アップを図るため、地元テレビ局や新聞各社などメディアに新製品リリースを送りました。

ラーメン店への営業は、石川社長たちが静岡県内でトップクラスの繁盛店を中心にまわりました。人気店で採用されれば、それ自体を強力なＰＲ材料として使えるという狙いです。その結果、1台50万円と従来のチャーシュー製造器に比べ1・5倍以上する商品ですが、即決で決める店主が次々と現れました。

メディアにも登場する人気店の経営者が、テレビで「三ツ星くん」を絶賛してくれたおかげで一気に全国のラーメン店主たちに拡散。静岡県内だけでなく、商圏が全国に広がり、大幅な売上げアップを実現することができました。

CASE 2

増田鉄工所

技術は画期的だが売れていなかった商品のセールスポイントを見直して大幅売上増に

概要

複雑で大きな金型を製造する際、ふつうは一つひとつの部品を製作し組み立てます。これに対し、プレス用金型メーカーの増田鉄工所（富士市・増田弘社長）は、製造する金型を固定したまま、それをあらゆる角度から切削することに成功し、一体で生産できる技術を開発。他社がマネできないこの画期的技術によりコストが大幅に軽減され、納期も短縮、販売価格も最大3割安く提供することに成功しました。同社はこれを「一体構造金型」として売り出しますが、思うように成果が上がらず、ｆ‐Ｂｉｚに相談にやってきたのでした。

面談の実際

増田社長　技術自体は他社がマネできない新技術ですから自信があります。コスト削減にもなりますし、絶対に売れると見込んだのですが、なかなか広まりません。

小出　解決策を考えるためにも、どんな技術か詳しく教えていただけますか？

増田社長　これまで、複雑な形状の金型を製造する場合、複数の部品を作り、それらを組み合わせることが一般的でした。当社が開発したのは、製造する金型を固定したままであらゆる角度から切削できる装置です。これを使えば、ばらばらに金型をつくらなくても、一体で生産できる。一体生産ができれば、コストが最大で3割抑えられるうえ納期も短縮できます。

小出　金型業界では画期的な技術革新というわけですね。それはすごい！　これまでなかったということは、相当な技術が必要なのではありませんか？

増田社長　そうなんです。弊社は創業60年以上の歴史のなかで培ってきた独自のノウハウがあり、高い技術を持った熟練社員が在籍しているのが強みです。

目利きのポイント①

相手の言葉をそのまま受け取らず、俯瞰で考えてみる

私がまず注目したのは、増田社長が自分たちの技術力に対して相当な自信を持っているということです。その根拠を確かめるべく、どんな技術で、どこがどうすごいのか聞いてみました。このときに大事なのは、「教えてください」という姿勢を示すことです。もし、**多少の知識があっても、知ったかぶりをするより一から学ぶ姿勢で相手のビジネスについて質問する**とよいでしょう。相手が当たり前と思っているようなことのなかに、セールスポイントのヒントや売上げアップにつながる戦略のアイデアが隠れている可能性があるからです。

このケースでは、増田社長の説明から「業界初」といえる画期的な新技術を持っていることがわかりました。

次に考えるのは、それだけの技術力がありながら、なぜ売れないのか、ということです。前にも述べたとおり、売れない原因の多くは「セールスポイントがズレている＝ターゲット層にその価値が伝わっていない」か「ターゲット層そのものがズレている」の2つのいずれかです。

増田鉄工所の技術は画期的であり、ユーザーにとってコスト削減、納期短縮につながるのに、なぜ売れないのでしょうか。

ターゲットはこれまでの顧客同様、自動車などの部品メーカーが中心で間違いありません。同社が誇る技術は複雑な金型の製造であり、いちばんニーズがある市場はやはりここでしょう。同社も既存の取引先を中心に営業をかけているとのこと。それで売れないということは、**商品の価値がターゲット層にうまく伝わっていない、つまり、セールスポイントの伝え方にズレが生じている**可能性があります。

増田社長が繰り返し指摘していたように、同社では「技術力」が最大のセールスポイントだと考え、そこをPRしてきました。しかし、我々は技術力そのものではなく、そこからもたらされる効果にこそユーザーは大きな魅力を感じるのではないかと考えました。

増田社長は、この「一体型構造金型」を使うと、5つの部門でコストダウンが可能になるとおっしゃっていました。コスト削減は国際化などで厳しい競争にさらされている製造業にとって最優先課題。その経営課題を解決する技術がこの一体構造金型というわけです。つまりこの技術は、コストダウンを実現する新手法であり、課題解決型のソリューションビジネスと位置づけることができます。

このように、相手が自社の強みを明確に把握していると言っても、その言葉どおりに受け取ってはいけません。疑うという意味ではなく、**企業の認識と、客観的に見たセールスポイントは異なる場合が少なくない**からです。

目利きのポイント②
業界の常識や慣習をはずし、ユーザー目線で考える

最大のセールスポイントは技術力ではなく、そこからもたらされるコストダウン（課題解決）にある。そう考えた我々は、ネーミングから見直すことにしました。「一体型構造金型」ではその価値が伝わらないからです。５つの角度からコストダウンが可能だというそのセールスポイントを明確に伝えるため、「金型革命５ダウン」という商品名を提案。新たなサービスとして売り出すことにしました。

通常、製品番号しかついていない金型に名前をつけるという発想はまったくなかったと驚かれましたが、その結果、商品価値が明確になり、それまで１つも売れなかった1個５００万円の金型が、半年のうちに50個の販売実績を達成。さらに、大手上場企業からの大量受注が実現するなど販路が拡大、大幅な売上増につながりました。

目利きのポイント③
他社がやらないことで、潜在的な顧客ニーズをつかまえる

第1章で、「成果が出るまで伴走する」ことが支援の基本スタンスだと述べました。しかし、ビジネスというのは、一つ成功したからといって終わりではありません。つねに新しい価値を生み出し続けなければ持続的に会社を運営することはできません。ですから、ｆ‐Ｂｉｚには何年にもわたり継続的にサポートさせていただいている企業が数多くあります。

増田鉄工所もその一つ。「金型革命5ダウン」で事業は軌道に乗ったのですが、この会社にはほかにも飛躍の可能性がありました。何度目かのミーティングの場で、営業担当の方がおっしゃったひと言がきっかけでした。いわく、「金型業界は非常にユニークな業界。製造業というのは、商品を納品すると定期的にメンテナンスに行くのが当たり前ですが、我々の業界は絶対にそれをやらないんですよ」と。

ここから先が目利き力の発揮のしどころです。

「でも、うちは違う。納品した金型に対しては定期的にメンテナンスを行っているんです。そうすると、時折、他社メーカーの金型を見てほしいと頼まれる。お客さんだ

から無碍《むげ》にもできず、仕方なくメンテナンスしてあげているんです」

私は身を乗り出して言いました。

「それはすごいじゃないですか。ビジネスチャンスがありますよ！」と。

どこにビジネスチャンスがあるか、みなさんはわかりますか？　いったいどういうこと？　と興味津々の相手に対してこう説明しました。

「それだけ金型のメンテナンスに対してニーズがあるということですよね。どうも調子が悪いとか、不具合かな、と思ったとき、その道のプロに定期的にメンテナンスしてもらえたら助かるとユーザーはみな求めているんじゃないですか。ほかがどこもやっていないのでしたら、余計ビッグチャンスですよ。ぜひ挑戦してみませんか？」

「頼まれたから仕方なくやっていただけのサービスに、そんな勝機があったなんて、まったく考えつきませんでした。売上げにつながることはなんでもやりますよ」

他社がやらないことで、潜在的な顧客ニーズをつかまえる。これぞ、オンリーワン市場の開拓です。ただ、この新ビジネスには、もう一つ大きなメリットがあると私は見ました。

自社に限らず、他社製品のメンテナンスも請け負うことで、他社製品を使う顧客の新規開拓になるし、メンテナンスまでやってくれるところという付加価値にひかれて、他社から増田鉄工所に乗り換える可能性が大いにあります。つまり、定期メンテナンスサービスによって、シェア拡大にもつながるというわけです。

このあとは、「金型革命5ダウン」同様、サービスの内容がターゲット層にダイレクトに伝わるネーミングとして「金型ドックＢｅｓｔコンディション」と名付け、プロモーションまでサポートしました。

この支援事例のポイントは、**相手が当たり前のように行っている業務でも、聞き流さず、しっかり一つ一つ、これは何かに展開できないかと意識を働かせていると、ビジネスチャンスを見出せる**ことがあるということです。

金融機関では、商品名まで考えるのは難しいかもしれませんが、「わかりやすく伝えることが大事」というアドバイスはできるでしょう。そのうえで、ネーミングやパッケージなどの刷新が必要かもしれないので、そうしたプロモーションに長けた企業やクリエーターを紹介するのが現実的だと思います。

CASE 3

M&Yインタートレード

経営者のソーシャルな価値観にこたえるLGBT向けビジネスの道筋を示す

概要

M&Yインタートレードは、大手商社マンとしてタイ駐在経験のある30代（当時）の起業家・安藤嘉晃さんが、妻であるタイ人の萌唯さんと、2016年7月に夕イと日本を結ぶ貿易会社として設立。コンセプトは「日本とタイの架け橋に」。日本にあってタイにないもの、逆にタイにあって日本にないものを輸出入することを事業内容としています。最初にf-Bizに来られたときは、起業前で、会社設立にあたり、コンセプトづくりや情報発信についてアドバイスがほしいという相談内容でした。

面談の実際

小出　起業しようと思ったきっかけを教えていただけますか？

安藤社長　それまでは総合商社に勤めておりまして、タイに赴任したことがきっかけでこの国に興味を抱きました。現地の職場で知り合った同僚であるタイの女性と結婚し、ふたりでタイと日本、それぞれの国の魅力を伝える架け橋になるようなことがやりたいね、と話していたのが会社設立の動機です。

小出　具体的にはどんな事業を考えているのですか？

安藤社長　タイにあって日本にないもの、日本にあってタイにないものをテーマに、いくつかの商材を輸出入販売していく予定です。いまのところは、タイの猫用ペット用品の輸入と、日本からはスターバックスのタンブラーやアニメグッズの輸出を主な商材として考えています。ほかにもまだまだ知られていないユニークなタイの商品や、タイの人たちに喜ばれそうな日本グッズはたくさんあるので、これから広げていきたいと思っています。

小出　大手の商社を辞めて起業するというのは大きな決断でしたよね。商社時代はどのようなお仕事をされていたのですか？

安藤社長　海外戦略の部門で、タイの現地法人に5年間勤務したことがいちばん大きな仕事でした。タイ国内の輸送をスムーズに行うことや、日本との輸出入のコーディネートを担当していました。

小出　30代前半で、タイの駐在を任されるなんてすごいと思います。商社マンとして活躍され、蓄積してきたノウハウが思い切り生かせる起業ですね。

安藤社長　ありがとうございます。でも、自分たちは楽しみながらやれたらいいなと思っていて、あまり儲けなくてもいいと思っているんですよ。

目利きのポイント①
経営者のポテンシャルの高さを最大限に活かす場はどこか

私が最初に注目したのは、安藤社長の経歴です。彼が勤めていたのは、創業２００年の歴史があり、約１４０社ものグループ会社を傘下に持つ総合商社です。そこで30代前半の若さでタイ駐在を任されていたのですから、相当能力が高いのだろうと見込んだのです。パートナーの奥さまもタイの名門大学を出て、日本語も完璧に使いこなしていきます。本人たちはあまり儲けなくていいとの意向でしたが、能力の高い二人です。儲けとは違うベクトルで、何かそのポテンシャルを生かすことができるのではないかと感じました。

本人が「儲からなくていい」と言っているのだから、それ以上のことは余計なお世話では、と思われるかもしれません。しかし、このような考え方だからこそ、儲けること以上に、社会的に意義のあるビジネスに関心を持つに違いありません。

ですから、本人たちの意向に沿った形で会社設立の準備を進めながら、私はずっと頭のなかで、**彼らの能力を生かせるものは何だろう**と考えを巡らせていました。そんななか、あるとき、タイがLGBT先進国だということに気がついたのです。

芸能の世界を見渡せば、はるな愛さんがビューティーコンテストで優勝したのはタイですし、KABA.ちゃんがタイで性転換の手術をしたことも有名な話です。タイは性転換手術が盛んな国で、外国人でも条件はあるものの手術を受けることができます。それくらい、タイは性の多様性に寛容な国なのです。

一方で、日本はどうかというとタイに比べたら圧倒的に遅れています。日本のLGBT元年は、渋谷区が、同性同士が公的に夫婦として事実上認められる「同性パートナーシップ証明書」の交付を決めた2015年とみてよいと思います。

こうした状況のなかで、タイからＬＧＢＴに関連するものを日本に輸入するのはどうか。ＬＧＢＴ先進国のタイなら、日本にはないＬＧＢＴのためのさまざまなものが揃っているはず――。そう考えた私は、さっそく二人に自分の考えをぶつけてみました。

ＬＧＢＴ問題は２０１５年を境にマスメディアで急速に注目が高まっていました。「調査機関のデータによれば、人口の８％がＬＧＢＴ当事者だそうです。８％はかなり大きな市場です。一方でその対応は遅れています」

私は彼らに、そんな話をしました。「自分たちが楽しくやれる範囲の稼ぎがあればいい」という意向の彼らがどう反応するか、それによって対応の仕方を変えようと思ったのです。

なぜなら、私が提案しようとしているのは、国内ではまだ珍しい商品の輸入販売であり、ビジネスとして大きく展開する可能性が大きいと考えられます。さらに、性的少数派といわれる人たちのための取り組みですから、社会問題を解決するソーシャルビジネスでもあるわけです。本人たちにそうした価値観と意欲があるかどうかに、成功のいかんはかかっていると考えました。

目利きのポイント②

社会課題にイノベーションを起こすヒントを探せ

ビジネスを大きく広げるつもりはないという経営者に対して、世の中に一石を投じるような提案をしたのには企業支援者としての意図があります。私は中小企業を元気にし、起業家の挑戦を応援する仕事を長年続けているわけですが、そのなかでつねに意識していることがあります。それは、この仕事を通じて、誰も気づいていない重要な社会的視点を指摘したり、社会的な課題を解決する一助になることで、世の中に変革をもたらしたいということです。

「世の中を変える」などというと、大それたことに聞こえるかもしれませんが、社会の変革は一個人、あるいは小さな組織の取り組みからでも始められます。私はこの仕事を通じて、そうした事例をたくさん見てきました。それまでは廃棄処分されていた食材を加工の技術によって蘇らせたり、抗がん剤の副作用で頭髪が抜けてしまう患者さん向けのかつらを開発したり、世の中の困り事を解決に導くことを目的としたビジネスをたくさんサポートしてきました。

むしろ、世の中に受け入れられる事業というのは、それを求めるユーザーがいて、彼らのニーズを満たし、喜ばれるから成功するのです。我々がやるべきことは、いかにして相談企業、取引先をそういう流れのなかにもっていけるかどうかなのです。

つまり、**金融機関に身を置くみなさんは、社会をよりよい方向に変えることができる**ということ。ぜひ、そうした高い志と誇りを持って相談業務にあたってもらいたいと思います。

「この会社が社会に対してできることは何だろう。どんなユーザーのニーズを満たすことができるだろうか」——そう考えながら発想することで、このケースで私が性的少数派の人たちの困りごとを解決するビジネスの提案ができたようなひらめきを持てるようになるでしょう。

目利きのポイント③
ビジネスが回り出すまで伴走する

「日本のＬＧＢＴの人たち向けにタイのＬＧＢＴ関連商品を輸入販売してはどうでしょう。これは単なるビジネスではなく、社会を変える一つのソーシャルな取り組みになります」

私の提案に、彼らは即座に前向きな姿勢を示してくれました。

「タイでは町を歩けばごく自然にＬＧＢＴの方を見かけます。ＬＧＢＴ向けのファッションブランドもある。日本ではまだあまり見かけないので、当事者の方は困っているかもしれない。ぜひチャレンジしたいです」

これがもし、「売上げアップにつながるからやりませんか？」「日本のＬＧＢＴ市場は未開拓ですからチャンスですよ」などと儲け話として提案していたら、また違った反応だったと思います。

私は、彼らの「タイと日本の架け橋になりたい」というそもそもの起業の動機に、社会的な意識を感じていました。彼らのように、社会の役に立ちたいというモチベーションで起業をしたり、仕事に取り組む人は、若い世代を中心に増えています。その意識をビジネスに活かす方法を考え、提案するのも我々の役目です。

経営者や起業家との会話のなかで、「地域を元気にしたい」「○○で困っている人の役に立ちたい」「この問題をなんとかしたい」といった言葉が出てきたら、具体的にどのような取り組みであればビジネス化が可能かを考えるようにしたいものです。

このケースの支援の肝は、潜在的にはソーシャルな価値観があるが、特にそれを事業として展開しようとは考えていなかった経営者に対して、具体的な道筋を示すことにより、自分たちが社会の役に立てるとイメージさせたことでした。

自分たちのビジネスは金儲けではなく、社会的役割を担うものだと気づかせることができたのがきっかけで、彼らの意識は一気に変わりました。

こちらが提案をした以上は、輸入した商品をどうやって販売するか、その販路や売り方も含めて一緒に考え、伴走する必要があります。次回のミーティング日程を決めて、それまでにお互いに販売ルートをリストアップすることにしました。

金融機関であれば、さまざまな業種の顧客を抱えているはずですので、そうしたネットワークを活用して販路開拓のお手伝いができると思います。

M&YインタートレードのLGBT向け商品は、現在ネットショップで販売しており、今後は店舗展開も検討しているところです。f-Bizとしては首都圏の百貨店や小売店などリアル店舗での展開ができるよう、引き続きサポートを行っています。

まだまだ日本の市場は保守的で、広げていくには少し時間がかかりそうですが、ダイバーシティ推進の動きの中で浮上する課題を解決する社会性の高いビジネスです。手つかずの市場であるがゆえに、さまざまな可能性を秘めていると期待しています。

LGBT向け衣料品販売へ

日本人とタイ人の夫婦 富士に会社設立

胸や股の部分 目立たぬよう配慮

日本人とタイ人のカップルが、ＬＧＢＴ（性的少数者）の先進国といわれるタイのＬＧＢＴ向け衣料品を扱う会社を７月に富士市に設立し、輸入に乗り出す。国内でも東京都渋谷区が同性カップルに「パートナーシップ証明書」を出すなどＬＧＢＴへの理解は広がりつつあるが、配慮がされている衣料品はまだほとんどないという。

発表会で、タイから輸入したＬＧＢＴ用の衣料品を見せる安藤嘉晃さん（右）と萌唯さん＝富士市永田北町の市産業支援センター

輸入に乗り出すのは、富士市出身の安藤嘉晃さん(37)とタイ出身の萌唯《めい》さん(31)の夫婦。商社員だった嘉晃さんは赴任先のバンコクで萌唯さんと知り合い、昨年結婚した。「二人で一緒にいる時間を増やしたい」と会社を辞め、日本とタイを結ぶ貿易を始めることにした。

タイから輸入する品物として思いついたのがＬＧＢＴ向け衣料品だった。例えば男性として暮らすが身体的には女性の人向けのシャツは、胸が目立たないようにするサラシが内側についていたり、ブリーフには生理用品がはさめるポケットがついていたりする。

女性として暮らすが身体的に男性の人のショーツは、股の部分が目立たないよう工夫されている。ＬＧＢＴの多いタイでは一般用と並んで普通に売られているという。

タイ側の窓口となる会社は設立済みで萌唯さんが代表を務める。２人は嘉晃さんの故郷の富士市でも新たに輸入のための会社を起こす。首都圏の百貨店などに置いてもらうことを目標に、今秋には販売開始にこぎ着けたいという。

嘉晃さんは「日本でのさきがけとしてチャレンジしたい」と意気込んでいる。（六分一真史）

M＆Yインタートレードの取組みは、多くのメディアに取り上げられた。上の記事は2016年６月24日付朝日新聞。

CASE 4

プチ・ラパン

地域の中での「歴史」をセールスポイントに かつての人気商品の復刻バージョンを発売

概要

富士市の洋菓子店「プチ・ラパン」は、江戸時代から豆腐屋などを営んでいた「中村屋」がルーツ。1960年頃、豆腐店の傍ら、甘味喫茶の営業を開始。その後、和洋菓子販売も始め、地域の住民に親しまれました。2005年に同市内に移転する際に洋菓子店として店名も新たにしオープン。家族4人を中心に手作りの洋菓子にこだわり頑張っているのですが、年々売上げが減少し、ピーク時の半分以下にまで落ち込んでしまいました。そうした切迫したなか、店主の中村敦至さんのご家族がf‐Bizに相談に来られたのでした。

面談の実際

中村さん　私たちとしては味には自信を持っています。毎日、30種類前後の洋生菓子をつくっていて、ほかに焼き菓子も豊富に取り揃えています。基本のショートケーキやモンブランのほか、季節の果物を使った限定商品などお客さまを飽きさせない工夫もしています。ですが、どんどんお客さまが減っていて、なんとかしなければと思い、相談に来ました。

小出　この10年で売上げが半減以下にまで落ち込んでいる要因としては、富士市内に洋菓子店が増えたこともありますが、やはりコンビニスイーツの台頭が大きいのではないでしょうか。手軽に生菓子が買えるようになりましたものね。ところで、10数年前に移転されたそうですが、その前はどんなお店だったのですか？

中村さん　昔は「中村屋」という屋号でして、豆腐屋から始まって甘味処から和洋菓子の製造と業態を変えながら現在に至ります。

小出　中村屋さんというと、あの焼きそばで有名な中村屋さんですか？

中村さん　そうですよ。ご存知でしたか。

小出　知っているもなにも。富士市民にとって中村屋の焼きそばといったら超有名ですよ。すごくおいしかったですし。

中村さん　じつは、中村屋のままではあまりにも焼きそばのイメージが強いため、店名を変更したという経緯があります。洋菓子を勉強してきた息子が戻ってきたのを機に、昔のイメージを刷新して「プチ・ラパン」としたわけです。

目利きのポイント①
創業からの歴史、背景を聞き、企業の全体像をつかむ

私が最初に移転前のことを聞いたのは、創業からの会社の歴史について詳しく知っておきたかったからです。このケースに限らず、どの会社に対してもこれまでの歩みはヒアリングするようにしています。相手が相談しようとすることをひとまず横に置いておいて、**会社の歴史をたどりながら、現在はどうかということを聞く**ようにしています。それが、結果的に方向づけをするうえで確実にプラスになるからです。

これは、目利き力を効かせる極意でもあります。相手が「商品が売れない」と言えば、その商品の売り方だけをどうにかしようと考えてしまいがちですが、それでは近

視眼的すぎて、本当の課題や真のセールスポイントに気づくことができません。

企業支援において目利き力を発揮するには、瞬間的に360度から案件をとらえて判断する力が必要です。目の前の細かい要素から戦略を練ることも大事ですし、広い視点に立って、将来を見据えたうえでビジネスを展望することも重要です。特に、初回のミーティングでは相手企業の全体像をつかんだうえで、セールスポイントの発見までたどり着きたいところ。そのためには、**会社の歴史や背景、埋もれてしまっている強みや売りを発掘していく作業が欠かせません。**

慣れないうちは初回の面談だけでは聞ききれずに時間がかかってしまうかもしれませんが、**どんな提案も全体像を見極めたうえでのこと**です。そうでなければ、本当の意味での事業性評価につながりませんし、目利きを効かせることも不可能です。

プチ・ラパンの話に戻します。創業にさかのぼったヒアリングでわかったのは、富士市民だったら誰でも知っている焼きそばの名店が前身だったということです。

「ファンがたくさんついている『中村屋』の看板を消し去ってしまったのはもったいない。市民にとってソウルフードだった中村屋の焼きそばがなくなり、洋菓子店として新たにスタートしているのを知っている人は少ないのでは？」

そう問うと、そのとおりだとおっしゃいます。

「ならば元中村屋のファンだったお客さまに、もう一度足を運んでもらうような仕掛けを考えてみてはどうでしょう」。そう伝えました。それはつまり、現在のプチ・ラパンのお客さまに、かつての中村屋のファンをプラスする戦略です。

では、具体的にどうすればいいと思いますか？　再び焼きそばを復活させることを提案すべきでしょうか。それでは、洋菓子店として再スタートした意味がありません。せっかく十数年かけて築き上げてきた「プチ・ラパン」というブランドを壊しかねません。お客さまも離れてしまうでしょう。

私が提案したのは、復刻バージョンの期間限定販売でした。中村屋はかつて洋菓子店だったこともあるので、その当時の味を再現することで、かつてのファンが懐かしく思い、来店してくれるに違いないと見込んだのです。当時（１９７０年代）のレシピも残っているとのことで、中村屋の復刻ケーキプロジェクトがスタートしました。

目利きのポイント②

過去商品の再発売ではなく、新商品として投入

昔のレシピを再現するわけですが、これは約45年前の昭和の味を蘇らせる新しい商

品の提案です。ミーティングのなかで息子さんがこうおっしゃっていました。

「コンビニやデパ地下も含めて洋菓子店は百花繚乱です。季節限定の商品や変化球までさまざまなスイーツが出尽くしていて、もう新商品なんか出せません」

それに対し、私は「これこそが新商品ですよ！」と伝えました。昔のレシピが残っていたからこそできることで、ほかでは出せない味。まさに新商品であるとともに、中村屋時代のファンにプチ・ラパンは中村屋の歴史を引き継いでいる店だと気づかせるのが狙いなのだと。

つまり、ここで発揮した目利き力は、本人たちが消し去ろうとしていた中村屋の歴史そのものが財産であり、セールスポイントだと見出したところにあります。当時のレシピは複数残っているとのことでしたので、順次シリーズとして出していくといいですよとアドバイスしました。

具体的に、クリスマスシーズンなどの繁忙期を避けたスケジュールを相談しながら一緒に決めて、次はどのケーキを出そうかということまで彼らの意見を聞きながら絞り込んでいきました。

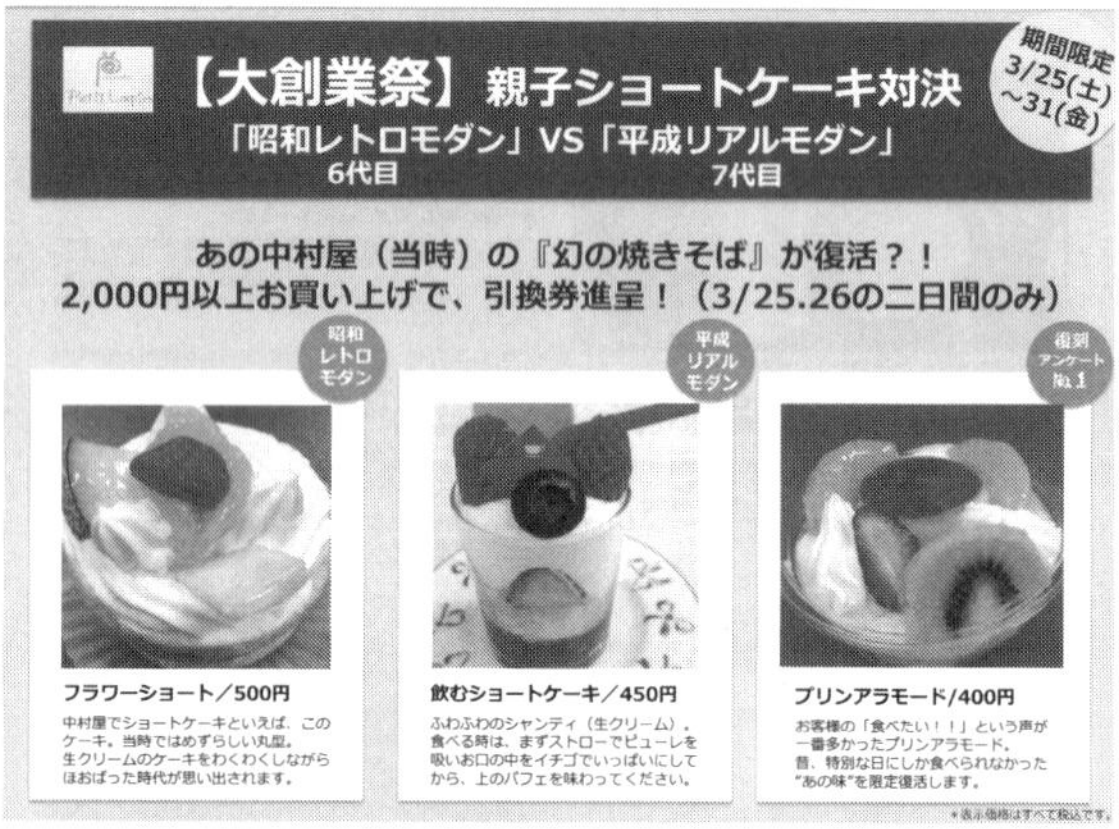

【大創業祭】親子ショートケーキ対決

「昭和レトロモダン」VS「平成リアルモダン」

6代目　7代目

期間限定 3/25(土)～31(金)

あの中村屋（当時）の『幻の焼きそば』が復活？！

2,000円以上お買い上げで、引換券進呈！（3/25.26の二日間のみ）

昭和レトロモダン

フラワーショート／500円

中村屋でショートケーキといえば、このケーキ。当時ではめずらしい丸型。
生クリームのケーキをわくわくしながらほおばった時代が思い出されます。

平成リアルモダン

飲むショートケーキ／450円

ふわふわのシャンティ（生クリーム）。
食べる時は、まずストローでピューレを吸いお口の中をイチゴでいっぱいにしてから、上のパフェを味わってください。

復刻アンケートNo.1

プリンアラモード/400円

お客様の「食べたい！！」という声が一番多かったプリンアラモード。
昔、特別な日にしか食べられなかった“あの味”を限定復活します。

＊表示価格はすべて税込です。

ひとつのケーキの中にも、伝統とモダンが息づく。
中村屋からプチ・ラパンへ。探求は続いていく。

中村屋時代から大事にしてきたことは、お客さまに信頼されるような商品。それを毎日同じ味・品質でつくるということです。一方で、時代の流れに合わせて柔軟に対応していく。それを支えているのは、探究心です。新しいものをつねにつくろうと。それが商売をやっている元ですし、お店の価値でもあり、続けていく情熱でもあります。

●地域に合ったお菓子づくりの大切さ

普段からいろんなところのお店に行って食べ比べをしていますが、そのなかで気づいたのは、地域に合ったお菓子づくりの大切さです。ただ単に東京のお菓子と同じものをつくっても売れません。地域にあるんだから、地域のみなさんに愛されるケーキでなきゃダメだということです。

やはり、お客さまあってのものですから。厨房でつくりながら、お客さまにどんなケーキだったら喜んでもらえるんだろうということを、いつも想像しながらつくり続けています。先日、感謝のお手紙をいただいたことは、ここ最近で一番嬉しかったです。お店に来ておいしかったとか言っていただくことはありますが、わざわざ手紙を送っていただけるのは、本当に嬉しかったです。

●一番の要は、スポンジとシャンティ

プチ・ラパンの秘伝のたれは？と言われれば、間違いなくスポンジとシャンティです。中村屋のときからずっと使っています。すべてのケーキの土台です。いままでもいろいろと試行錯誤して、新しいものとも比較し試してみましたが、やはりこれがベスト、一番ということで、自信を持ってお出ししています。

そして、生クリームのシャンティ。生クリームには動物性と植物性がありますが、当店では動物性だけを使ってます。コストを落とすために植物性を入れるところもありますが、やはり味がちがいます。シャンティは何にでもしぼって使うので、脂肪分だったり後味のあっさりした感じだったりを考えて、一番いいバランスになるようにしています。2回、3回と食べていくと、そのちがいがわかるような、そのぐらい微妙な差です。ですが、スポンジとシャンティは一番使いますし、一番の土台です。だからこそ、こだわってつくっています。

●「親子対決」そして「プリンアラモード」

今回の大創業祭で選んだケーキは、皆さんの復活リクエスト投票で一番多かった「プリンアラモード」と、「昭和レトロモダン」VS「平成リアルモダン」のショートケーキの親子対決。そしてプリンといえば、昔はカスタードプリンが主流でした。上に、カラメルしっかりとしたぷるんとしたプリン。今は、トロトロしたなめらか系のプリンが多いですよね。「カスタードプリン」を食べてみて、懐かしさを感じる世代もいれば、新しさを感じる世代もいるという発見でもあった。「復刻イベント」今回もたくさんのお客様に感じてもらいたいと思います。

プチ・ラパン
（旧中村屋）

【住所】富士市伝法2308-35　【電話】0545-57-0070
【営業時間】10:00～19:00　【ブログ】petitlapin.i-ra.jp
【定休日】水曜日・第3火曜日／＊3/28（火）営業、3/29（水）店休

大創業祭 3/25(土)～31(金)

中村屋時代のケーキを期間限定で復活させた「大創業祭」のチラシ。地元の人たちの懐かしい記憶をよみがえらせた。

目利きのポイント③

「歴史」というセールスポイントをビジネスに生かす

この復刻プロジェクトは現在進行中で、売上げアップなどの成果としてはまだ示せませんが、このケースを取り上げたのには理由があります。地域金融機関の顧客には、その地域に根を張り、長年経営を続けてきた企業やお店がたくさんあるでしょう。そうした地域密着型のビジネスを展開しているところは、その地域のなかでの位置づけを確認することがひとつの目利きになります。

そのなかで、中村屋のように古くからの歴史があって根強いファンがついている場合、**会社の歴史そのものがセールスポイントであり、他に出せないオンリーワンの強みであることがたくさんあります。**

会社の歴史や背景がセールスポイント。そこに着目できるかどうかがこのケースの最大の目利き力といえます。しかも、本人たちはその歴史を消し去ってしまおうとしていました。

商売をやっていて、ずっと下り坂が続いていると、いままでやってきたことがまずかったのではないかと思い込み、その歴史に封印をして、まったく新しいところからスタートしようとするケースは少なくないでしょう。

このように、自分たちのことを客観的に判断できなくなっている相手に対して、長い歴史を守ってきた存在の重みにこそ価値があると気づかせることが我々の役目です。そのうえで、**「歴史」というセールスポイントをどうビジネスに生かすか戦略を練る**のです。

巷では、ひと昔前に流行ったものをリバイバルした商品が人気です。洋菓子もレトロを売りにヒット商品をつくることは大いに可能性があります。その成功イメージを相手にしっかり持ってもらうために、具体的な実例を示すことも大事です。繰り返し述べている〝腹落ち〟をさせるわけです。

私が例として挙げて説明したのは、大手菓子メーカーの商品ラインナップです。森永製菓がキャラメルの復刻版を発売したり、明治製菓もカールの復刻版を発売するなど、頻繁に昔のパッケージデザインや味を再現したものが新商品として登場しています。つまり、人は古いものに対して懐かしさだけでなく魅力を見出し、消費行動に結びつけやすいのです。

このように、**古いものを復活させることは単なるノスタルジーではなく、ビジネス的に極めて合理的な戦略**なのだということを理解してもらうことが必要です。そうすることで、相手はビジネス的にメリットがあると納得し、前向きな姿勢を示すようになります。どんな小さな事業でも、新しいことにチャレンジするには大きなエネルギーを要します。相手のやる気、本気に火をつける提案ができるかどうかも、目利き力のひとつなのです。

CASE 5

菜桜（なお）助産所

産後の母親向けに弁当宅配事業を始めたい助産師の地域での「連携」をサポート

概要

助産師の堀田久美さんが、2001年、富士市で開業した「菜桜（なお）助産所」。堀田さんは、出産の立ち会いだけでなく産後ケアにも携わるなかで、出産後の母親は育児や家事に追われ、肉体的にも精神的にも負担が大きいことを痛感。彼女たちの負担をどうにかして軽減してあげたい。そんな思いから、弁当の宅配を思いつきます。その実現に向けて、我々のもとへ相談に来られました。

面談の実際

堀田所長　産後の女性というのは、１カ月前後は出産時の疲労などを回復させる時期であり、約３カ月は１日10回以上の授乳や７回前後のオムツ交換など、赤ちゃんを育てることで精一杯。家事やほかのお子さんの世話などもあって、寝不足や疲労からストレスを溜め込みがちなんです。私が博士（保健学）課程で行った研究からも、妊娠による骨盤底筋のダメージ回復のためには、本当は産後の休養が大切なんですけどね。それに何より、赤ちゃんをもつ女性はただでさえ家庭で孤立しがちです。そこで思うように食事を作れず悩んでいるママたちに、体に優しい栄養たっぷりのお弁当を届けられたらと思ったんです。

小出　堀田さんはこれまでも一貫して女性の出産から産後までサポートされてきましたが、今度は「食」を通じて応援したいということですね。素晴らしいと思います。その想いを実現させるべく、私たちがしっかり支援致しますので一緒に頑張りましょう！

堀田所長　ありがとうございます。ただ、自分たちではお弁当づくりまで手が回らないと思っていて……。

小出　まさにそこがポイントですよね。人手もそうですが、菜桜助産所さんのキッチンでは限界があるでしょう。宅配もしなくてはなりません。でも大丈夫。堀田さんがやろうとされていることは、社会的な意義があることですから、その想いに賛同し協力してくれる業者は必ず見つかるはずですよ。というより、お話を伺いながら、じつはすでに私の頭のなかに最適な候補が浮かんでいるんですよ。

堀田所長　え！　協力してくれる業者さんって、そんな簡単に見つかるものですか？

目利きのポイント①
単独では不可能と判断。効果的な連携先を考える

「産後の母親とその家族に、しっかり栄養をとれる弁当を開発して届けたい」。これもひとつのソーシャルビジネスといえるでしょう。この相談者に対して、あなただったら、どんな提案をしますか？

真っ先に考えるのは、連携先が必要だということです。弁当の宅配に必要なのは、メニューの考案、それをもとにした調理、各家庭への配送の3要素が大きなところで

す。助産所のスタッフだけでは人出も足りなければ、調理に必要な設備や宅配用の車も足りません。

堀田さんは日頃、助産所に入院している方への食事づくりもしているため、メニューの考案はできますが、そのあとの工程を担ってくれる宅配弁当業者を探すことがまず我々の仕事の第一です。

私はつねづね、新規事業を成功させる方法は、**「セールスポイントを明確化する」「ターゲットを絞り込む」「効果的な連携先を考える」**の3つしかないと言っています。今回は最後の「連携」を選んだわけです。みなさんも、顧客から新たなビジネスの相談を受けたら、この3つのどれがふさわしいかを考えながら提案することを心がけてください。

企業と企業、企業と官公庁、企業と個人。いずれの連携においても**成功のポイントは、お互いにWin‐Winの関係を築けるかどうか**に尽きます。ですから、連携先を検討する際には、相談者本人の意向を確認することが先決です。

弁当の宅配事業を新しく始めるにあたっては、協力してくれる業者を探すのがいちばんだと提案したところ、堀田さん本人も自分たちだけではできないので宅配弁当を行っている会社と組みたいとのこと。どんな業者がいいか希望を尋ねると、「産後の母親とその家族にバランスの取れた食事を提供したいという趣旨に賛同してくれるところ」と明快な答えが返ってきました。加えて、「できるだけできたての温かいものを届けたい」との希望もありました。

このように、連携先を選ぶ段では、できる限り相手の希望や意向をヒアリングし、それに合致した相手を探すことが大事です。こちらが勝手に選んでマッチングし、うまくいかなかった場合にトラブルのもとになるのを避けるためでもあります。

「栄養バランスのとれた健康的な弁当を、温かい状態で真心込めて宅配してくれる業者」

これが堀田さんからのリクエストでした。この条件に合った業者を探していくわけですが、こうした場合、通常は、地域内の評判をたんねんにリサーチし、対象先を絞り込む作業を行います。**宅配弁当のような地域密着のビジネスについては、地元での人気や評判が、最も確度の高い情報となる**からです。

ただ、今回はレアケースで、ｆ‐Ｂｉｚのスタッフも仕出し弁当を宅配してもらっている、地域の中でも評判の高い「仕出しおがわ」がふさわしいと思い、堀田さんに提案しました。

選んだポイントとしては、自分たちが毎日食べていておいしいし、できたてを詰めてくれているので温かい。肉・魚、野菜などのおかずとごはんのバランスもよくヘルシーだと感じていました。そして、配達のスタッフがみな気持ちのいい接客であることも「真心込めて届けたい」という彼女の条件に合致します。

こちらの提案に対し、堀田さんは、「仕出しおがわ」の弁当は食べたことがあり好印象を持っている、あそこならぜひ、とのことでした。私はさっそく、同社の取締役（現・代表）である小川友代さんに連絡をしました。

目利きのポイント②
コストをかけずに成功する方法を考える

ここで頭に入れていただきたいポイントがあります。ビジネスマッチング（連携）をするときには、**お互いの意向が一致し、互いにメリットがあることを前提に引き合わせる**ことが大事です。意向もわからない状態で引き合わせるのはうまくいかない場合が多く、トラブルになりやすいので避けてください。

お二人にｆ‐Ｂｉｚにお越しいただき、私から小川さんにこれまでの経緯を説明すると、深く共感され、二つ返事でぜひ協力させていただきたいとの回答を得ました。

聞けば、ご自身も産後、孤独や不安を抱えた経験があるとのこと。「家庭の味にこだわり、産後のお母さんたちに笑顔と元気を届けたい」と心強い言葉をいただきました。「仕出しおがわ」との連携がベストマッチだと思ったのは、もうひとつ理由がありました。

ｆ‐Ｂｉｚのスタッフの多くも毎日の昼食で「仕出しおがわ」を利用しており、この会社が無添加手づくりにこだわり、出汁《だし》から丁寧にとり、冷凍ものを一切つかわないなど、安心安全な献立を心がけていることを知っていました。産後の母親に健康的な食事をと気づかう堀田さんの希望と「おがわ」のこだわりはマッチするに違いないと考えたのです。

新規事業のサポートで絶対に外してはならないのは、コストを最小限に抑えることです。できるだけ「すでにあるもの」の活用をまず考えます。弁当を宅配するには配送コストがかかりますが、小川さんに配達ルートを確認したところ、シニア向けのサービスとして夕方に配達するルートがあるとのこと。最初は、そのルートに沿ったところから始めましょうと提案しました。

新規事業の立ち上げは、ネーミングも重要。我々のアドバイスで、わかりやすく伝わるサービス名として、「産後ママ応援弁当」と名付けました。加えて、ＳＮＳを活用

「産後ママ応援弁当」は、菜桜助産所と仕出しおがわのブランド力向上につながった。

した宣伝、メディアへのプレスリリースなど、認知度を高めるための戦略もサポートしました。

いまでは定番メニューになっています。

目利きのポイント③
連携先にリスクを負わせない工夫を

連携でよくぶつかる問題は、新しく事業を始める相手の事業規模が小さすぎて、ビジネス的に難しいことから協力会社がなかなか見つからないことです。しかも、このケースのように、新たな商品やサービスを開発するとなれば、製造や販売などの新しい仕組みをつくる必要も出てきます。

連携先としては、そうした負担を引き受け、小ロットでも対応してくれる会社が最適です。このケースではたまたま、自分たちが利用している仕出し業者がまさにこれらの条件にふさわしい会社でしたが、ゼロから探さなければならない場合、何を手がかりにすればいいでしょうか。

エリア内の仕出し業者、給食事業者のホームページをリサーチし、対象先を探しだすことから着手し、さらに仕出し弁当を利用しているユーザーである企業複数にヒアリングを行って見つけ出す方法が考えられるでしょう。

このケースの場合ですと、仕出し弁当を頻繁に利用していそうなところを探して、そこにリサーチをかけると思います。たとえば、市役所。役所には弁当業者が何社も出入りしていますから、彼らにヒアリングをすれば何らかの情報が得られるでしょう。実際、最初に「仕出しおがわ」を紹介していただいたのも富士市役所でした。

その際、**業者のリストアップは1社だけでなく、少なくとも3社は候補として選び、相手に判断してもらう**ことも大事です。第2章で述べたとおり、うまくいかなかった場合のトラブルを回避するためです。

連携先に負担ばかりかかる提案にならないようにすることもポイント。「仕出しおがわ」には新たな負担が生じますが、それ以上のメリットがあることもきちんと伝えました。実際、若い家族世帯という新規顧客の開拓につながり、また、「産後の母親支援」というまったく新しい取り組みであることから、会社の認知度アップと、ブランドイメージの向上にひと役買うことになりました。要は、おがわファンが増えたということです。

じつは、「仕出しおがわ」は手間とコストのかかる無添加・手づくりにこだわるが故に、原価がどうしても高くなってしまい、経営的には長らく厳しい状況でした。しかし、「産後ママ応援弁当」サービスの開始をきっかけに、地元テレビや新聞に同社が取り上げられ、応援弁当だけでなく、従来の弁当の注文も増えるようになったそうです。その結果、その年の決算では経営状態が好転。顧問税理士から初めて「健全な経営体質になりましたね」とほめられたとのこと。やはり、新規ビジネスの連携をサポートするうえでは、**相乗効果を生むＷｉｎ‐Ｗｉｎの関係を築けるかどうかが最大の鍵**といえるでしょう。

第4章

取引先のやる気を引き出す会話術

○○○●○○

ITEM

01

企業の〝光るところ〟をほめることが経営者のやる気を引き出す

問題点を指摘するばかりの金融マンを経営者は信頼しない

現状がどれだけ業績不振の会社でも、衰退産業といわれる業種で改善の見込みがないように見える会社でも、何をやっても無駄だと言われてきたような会社でも、必ずブレークできる潜在的な力を持っています。

ありとあらゆる機会を通じて、私は「どんな企業にも必ず光る部分、セールスポイントはある」と繰り返し述べてきました。この本でも、みなさんの耳にたこができるぐらい何度も指摘しているので、またかと思われるかもしれません。それでももう一度ここから話をスタートするのは、頭では「すべての企業に強みがある」と思うように努めていても、腹の底から確信できていない金融マンが少なくないと感じるからです。

私自身、銀行員だった頃は、取引先の決算書などの数字を見て、利益構造のここが悪い、あそこが悪い、このままではマズイですよ社長、などと問題点の指摘ばかりしていました。しかし、それでは相手のモチベーションを下げるだけ。逆効果でしかありません。しかも、問題点というのは、本人たちもわかっていることのほうが多いので、「そんなことはわかっている」「またか」と不快にさせてしまうでしょう。挑戦する意欲も奪ってしまいかねませんし、そんな否定ばかりの人間を信頼し、一緒にチャレンジしようとは思わないでしょう。

これまでの中小企業支援がなかなか成果が上がらなかった原因は、じつはこの点に最大の問題があったのではないかと私は分析しています。

●委縮した状態ではセールスポイントも埋もれたまま

経営的な課題を抱える企業は、自分たちは何の強みもなく、いいところなど一つもないと自信を失っています。そんな彼らのやる気を引き出すのは、ポジティブなメッセージです。**本人たちも認識していない光る部分を引き出し、それを相手に納得させ、いかに優れているか、いかにオリジナリティがあるかをまず〝ほめる〟**のです。

先日もこんなシーンがありました。富士市は昔から製紙産業が盛んだったのですが、需要が減り続け、どこの製紙会社も苦戦しています。f‐Bizに相談に来られた製紙関連会社もまさにそうで、年々売上げが落ち込み、どうしたらいいかわからないという状態でした。

そんななか、新たな販路開拓にと、社内で改革プロジェクトチームをつくり、新商品を開発。それが東京ディズニーリゾートを運営するオリエンタルランドの目にとまり、ディズニー関連グッズの資材として採用されるまでになったということでした。

ただ、それが全体の売上げを底上げするまでには至らず、苦しい状態は続いているといいます。

「いろいろテコ入れをして努力はしているんですが……」

「四方八方手を尽くしてはいるけれど、うまくいかない」

「何をやっても売れない」

この会社だけでなく、うまくいっていない経営者からそんな嘆きを耳にすることはよくあります。しかし、彼らはやる気を失っているのではありません。「どうにかして会社を建て直したい」「いまよりもよくなりたい」とつねに求めているのです。

我々に必要なのは、そうした経営者に対するリスペクトの姿勢です。取り組んでいる事業に対してもそうですし、会社をもっとよくしたい、元気にしたいと挑戦する意気込みに対してもです。

経営者のやる気を引き出すには…

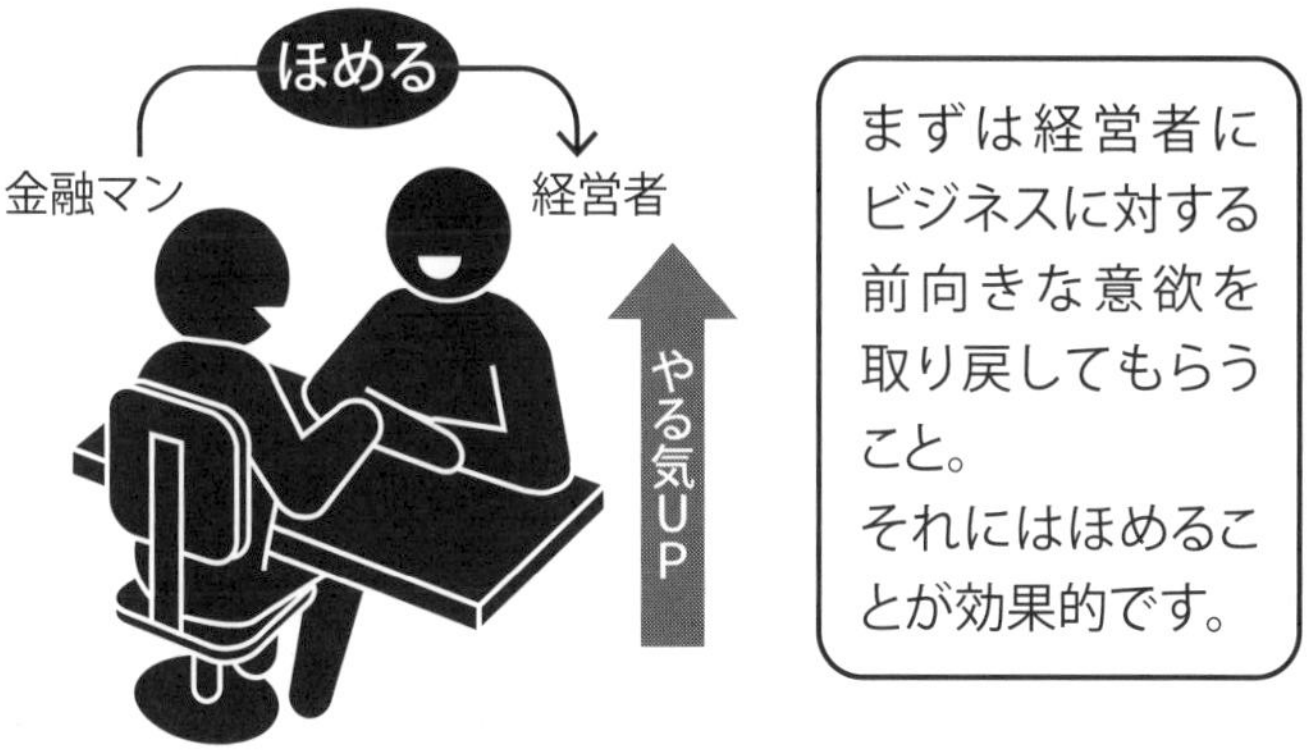
ほめる
金融マン
経営者
やる気UP
まずは経営者にビジネスに対する前向きな意欲を取り戻してもらうこと。
それにはほめることが効果的です。

この製紙関連会社の社長は、いろいろな努力をしているのに結果が出ないと沈んだ表情でした。みなさんも思い起こしてみてください。経営がうまくいっていない経営者のみなさんは、不安や焦燥をにじませているのではないでしょうか。

自信を失い、萎縮している状態では、本来持っているはずのセールスポイントも埋もれてしまい発見することができません。まずは、ビジネスに対して前向きな意欲を取り戻してもらうことが大事です。

「ほめる」という行為は、経営者のやる気を引き出すうえで効果的な手法となります。私は暗い表情の社長にこう伝えました。

「この商品、すごいじゃないですか。社

内のディスカッションから商品化までこぎつけるなんて。いまの日本の中小企業に足りないところですよ。社員が自主的に動いてイノベーションを起こす。本当にすごいですよ。そういう社風を育てたいとどこの企業も苦労している部分ですから。しかもディズニーに採用されたって、商品力がある証拠ですよ！」

ちょっと大げさに聞こえるくらいでいいのです。とにかく、ほめる。ただしそれは、ただのお世辞やおべんちゃらでは意味がありません。きちんと、ビジネス的に優れている要素、光っている部分を、**周辺のビジネス環境や競合他社の商品やサービスと比較しながら、合理的かつ的確に指摘する**のです。

「そうなんですよ。この商品はうちの社員たちがみんなで知恵を絞って生まれたもので、彼らの自主性ややる気の高さ、チーム力は我が社の自慢なんです」

そう言った社長は、先ほどまでとは打って変わって目に力がこもっていました。やる気のスイッチが再び入った瞬間でした。そうなれば、準備はＯＫ。この会社の磨けば光るセールスポイントを明確にし、相手とがっちりタッグを組んで、ビジネスの流れを好転させる戦略を練ることに集中できます。

このように、「ほめる」ことは、相手のモチベーションを高めるとともに、その企業のセールスポイントの源泉はどこにあるかを見出すうえでも大変有効です。

ITEM
02
会話の中でネガティブな表現はNG。すべてポジティブワードに切り替える

会話は相手のモチベーションを高めながら進めていく

企業との会話全体のなかで、セールスポイントの発見やその指摘に費やす時間が9割、問題点の指摘は1割程度だと述べました。その指摘も、「ここがよくないですね」「これはどうなっているんですか」といった言い方は絶対にしません。ではどうやって気づきを促すかというと、**「ダメ」という代わりに、「もったいないですね」という表現を使います。**

「もったいない」という言葉には、「もうひと工夫すればよくなる」というニュアンスが含まれています。ですから、よいところをほめつつ、「こういうところはすごくいいと思うので、この部分をこうすればもっとよくなると思いますよ」というように**否定的な言葉は一切使わずに、ポジティブな方向に転換して、提案まで持っていくような流れをつくる**のです。

このように、ネガティブな表現はNGと肝に銘じて、相手のモチベーションを高めながら会話を進めていくことを心がけてください。

言葉を発するときは、少し間を置くようにするといいでしょう。その瞬間に、頭の中で相手のやる気を削ぐNGワードではないかどうかを考えるのです。明らかに問題だとわかっても、「よくない」とは言わずに「こうしたらもっとよくなる」と切り替えるようにする。売上げが落ち込んでいるのをどうにか改善したいというのも、「売上げをよくしたいですよね」とストレートには言わずに、「もっと会社を元気にしたいんですよね！」と、よりポジティブな表現を選ぶようにするのです。

●自分と相手との間にポジティブな場をつくる

自分と相手との間に、いかにしてポジティブな「場」をつくれるか。それによって、ビジネスの流れは大きく変わってきます。

「かなり悪いですね」「このままではうまくいかないですよ」では、頑張ってチャレンジしてみようというやる気は湧きにくいもの。「こうすればもっとよくなりますよ」「ここが光る部分なのだから、それがもっと生きる方法を見つけていきましょう」。そ

モチベーションを上げる会話を！

◉企業との会話では、ネガティブな表現はNG。
ポジティブワードに変換して話そう！

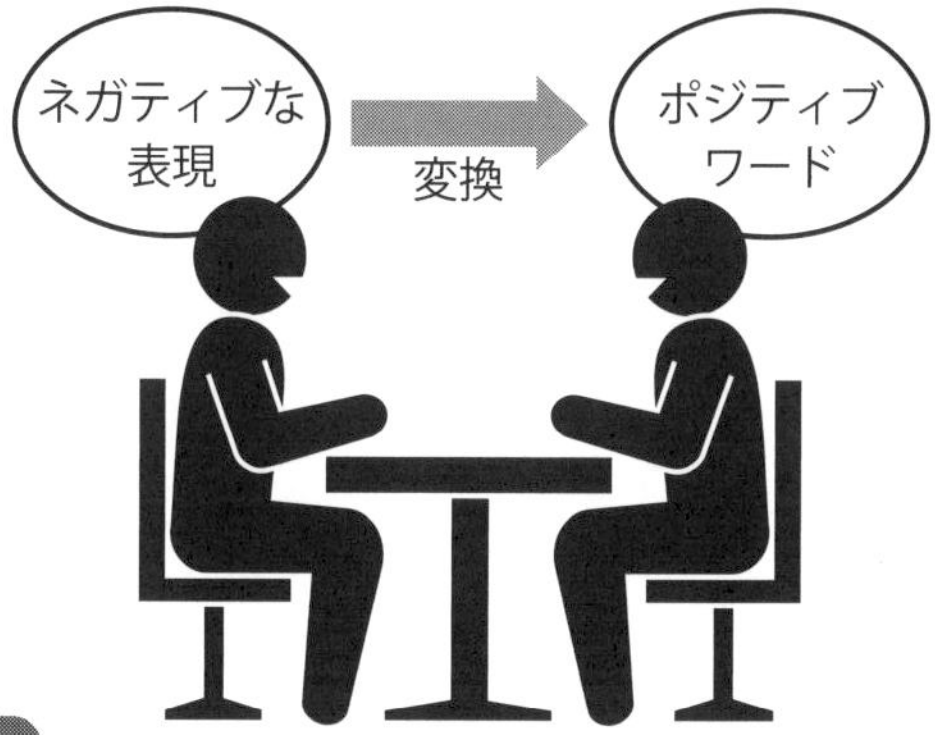

例えば…

◉「ここが良くないですね」＝NG

変換 ➡ 「ここがもったいないですね」

◉「売り上げをよくしたいですね」＝NG

変換 ➡ 「もっと会社を元気にしたいんですよね」

◉「このままではうまくいかないですよ」＝NG

変換 ➡ 「ここが光る部分なのですから、それがもっと生きる方法を見つけていきましょう」

うした**前向きな会話から、相手のやる気やセールスポイントが引き出され、飛躍のきっかけをつかむことができる**のです。

よく、我々のもとに相談に来られた経営者のみなさんから、「f‐Biz に行くと元気が出る」「f‐Biz で勇気をもらった」と言っていただけます。それはきっと、私以下、f‐Biz のメンバー全員が、どんなにネガティブな状況だったとしても否定的な言葉は避け、ポジティブな方向に転換していくことを基本スタンスとして心がけているからだと思います。

皆さんもぜひ、取引先企業の社長から、「○○銀行の△△さんと話していると元気が出る」「□□信用金庫の××さんにはいつも勇気をもらえる」と言ってもらえるような前向きな会話を行うようにしてください。

ITEM
03
成果が上がらないのを相手のせいにしない
取引先を元気にできないのは、自分たちの提案がよくないから

「いろいろな改善プランを提案しているのに全然反応しない」「こちらの提案がうまくいかないのは、経営者のやる気がないから」「結果が出ないのは企業の努力不足」……。金融機関の方と話していると、こうしたネガティブな意見を時折耳にします。

また、地域金融機関の経営者の方からはこんな話がよく出ます。

「うちは顧客の経営支援に力を入れており、コンサルティング部門も強化している。各支店、それぞれにお客さまに対してさまざまな提案をしているが、残念なことにこちらの提案を積極的に取り組むようなやる気のある経営者が少なくて、なかなか動いてくれない」と。

こういう話が出るたびに私は違和感を覚え、「ちょっと待ってください」と異議を申し立てています。

よく言うことですが、日本企業の99・7%は中小企業であり、そのすべての企業が経営上の問題や悩みを抱えていて、その１００％がいまよりもよくなりたいと思っています。それで**銀行の提案に反応しないのは、提案の内容に魅力を感じないからです**。もっとストレートに言えば、それに取り組んでもよくなるとは思えない、やる意味がないと判断されてしまったからです。

その事実に蓋をして、「経営者のやる気がない」「努力が足りない」などというのは、全然はやらないレストランのオーナーが「うちはこれだけおいしい料理を取り揃えているのに客が入らないのは、味のわからない客ばかりだからだ」と言い訳しているようなものです。はやらない原因は客ではなく、店の味や雰囲気がよくないから。考えてみれば、当たり前のことですよね。

金融機関の経営支援も同じ。その企業が、金融機関からの提案をメリットがあると思っていないから反応しないだけのことです。相手が「それは効果がありそうだ。挑戦してみたい」と腑に落ちていれば、積極的に取り組むはず。それがビジネスの原理原則なのです。

効果が上がらない原因は支援側にある

また、やる気のない経営者などいないというのは、こういう視点からも説明できます。経営者は必要な事業資金の融資を受けるために、自宅などを担保にしていることが多く、倒産すれば家族もろとも犠牲になってしまう危険を抱えています。雇用している社員がいれば、彼らの人生も預かっているわけで、そうした大変厳しい環境下で会社を経営しているのが経営者の実態です。多くのリスクと大きなプレッシャーを抱えながら売上げを立てるべく日夜奮闘している彼らが、自社の経営が悪くなってもかまわないなどと思っているわけがないのです。

ですから、自分たちの提案に企業が反応しないのは、相手のやる気の問題ではありません。その提案内容が的外れだったからです。もし、提案したプランがうまくいかなかったとしたら、それも企業側に問題があるわけではありません。

ズバリ言いましょう。**顧客がこちらの提案に反応しないのも、経営支援の効果が上がらないのも、原因は支援側にあります**。厳しいようですが、これが事実であり、みなさんが取引先に対してビジネス支援を行ううえでの基本スタンスと考えるべきです。

「取引先を元気にできないのは、自分たちの提案がよくないからだ」。それぐらいの意識で臨むことが、支援者には必要なのです。こうした前提で取引先と向き合っていれば、およそネガティブな言葉は出てこなくなるに違いありません。

みなさんは、「状況がよくならないのは、企業の経営力がないからだ」「営業力が弱いから売れないのだ」……そんなふうに相手のせいにして、自分たちに落ち度はないと考えてしまってはいませんか？

こんなことを述べるのは、自分自身が銀行員時代、どこかそうした意識を持っていたように思うからです。当時の自分に、私はいま、「そうじゃない。取引先を元気にできないのはおまえのサポートに問題があるからだ」と言いたい。自分への反省と、みなさんへの期待を込めて、こう伝えます。

「取引先の経営をよくするための場づくりとして、ポジティブに転換することを心がけよう。うまくいかないのは相手のせいではなく、自分のコンサルティング力が弱いからだと考え、もっと効果的なプランはないか。もう一度考え直し、成果が上がるまでやり抜こう」と。

ITEM 04

取引先から必要な話を聞き出すために大切なこと

「こいつは話す価値がある」と思ってもらうには

ビジネスの場においては、話すことで何かしらのメリットがあると思わなければ、自分の会社のことを積極的に話してはもらえません。ですから、**相手に「こいつは話す価値がある」と思ってもらうことがまず大前提**となります。

こう説明すると、いい条件で融資を融通してくれるとか、顧客になりそうな取引先を紹介してくれるとか、そういった金銭にまつわることがすぐ頭に浮かぶかもしれませんが、ここでいう「話す価値」とは、もっと別次元のことです。

自分たちが気づいていない自社の強みを指摘され、深く納得、腑に落ちたとき。あるいは、何らかの有益なビジネスのヒントをもらったとき。自分の知らない価値ある情報を提供されたとき……。そうしたとき、ビジネスパートナーとして信頼できる相手だと判断し、こちらの話に耳を傾け、自分たちの情報を提供しようというスタンスになるのです。

●相手に対するリスペクトが聞き出す力に

相談に来られた企業と接する中で私が心がけているのは、繰り返しになりますが、相手の事業や挑戦しようとしていることに対して、リスペクトの念を持って接することです。その意味でも前述した「ほめる」ことは非常に有効で、**話を聞くなかで、「面白い」「すごい」と感じることがあれば、率直にその気持ちを伝えましょう。**それが相手への信頼につながりますし、本質的なセールスポイントを見出す糸口になるのです。

相手がこちらの話に前向きな態度を示し、同じテーブルについてくれたと感じたら、その会社の事業についてできるだけ詳しく聞き出します。相手からビジネス支援に必要な情報を聞き出すコツは、**「教えてください」という姿勢を貫く**ことです。

「どんな相手を顧客にしているのですか？」「その商品（サービス）の特徴、差別化を意識しているところを教えてください」「営業や宣伝活動はどのようにしているのですか？」など、相手の反応を見ながら質問をしていくといいでしょう。そのなかで、相手が抱えている課題や、どんな自負を持って仕事に取り組んでいるか、どんな展望を描いているかなどを聞きながら、強みはどこにあるか、どうしたら活かせるかを見極めるのです。

「一緒にビジネスの可能性を探っていきたいので、ぜひ御社のことを詳しく教えてください」というスタンスで接すれば、相手は積極的に自社の情報を提供してくれるでしょう。

「審査する」「評価する」視点になってはならない

第1章でも述べたことですが、注意していただきたいのは、「審査する」「評価する」視点になってはならないということです。金融機関の方は、融資の可否を判断する審査や評価シートをもとにした事業性評価などに慣れているため、どうしてもそのために情報を聞こうとしてしまい、本当に必要な企業の強みや事業の光るところを引き出すことができません。

シートのチェック項目を埋めることが目的になってしまっていませんか? これを埋めないと、あれも記入しないと、とシートの内容にとらわれると会話が自然でなくなってしまいます。

ビジネスにおいて会話というのは、前後の流れや、どんな方向に持っていきたいかのイメージがあり、それをお互いに共有できて初めて建設的に進めることができるものです。それが、「業界の動向はどうですか？」「業界における御社の地位はどんなところでしょうか？」「御社の強みは何ですか？」など、シートを埋めるために脈略もなく唐突に質問されれば、相手は「なぜそんなことを唐突に聞くの？」という不信感に繋がり、逆効果。やはり大切なのは、顧客企業のことをより深く知りたいと思い、教えを請う姿勢で接することです。

そういうスタンスでいると、「いや、じつは誰にも言ったことないのだけれど……」などと、ビジネスの方向性を考えるうえで非常に有益な情報を提供してもらえるようになります。

私はよく、企業支援に携わる人間はコミュニケーション力が必要だと言うのですが、それは詰まるところ「聞き出す力」なのです。相手を知ろうと心を砕くこと。彼らが提供してくれる情報から、その企業の光る部分を見つけ出そうとすること。それが聞き出す力の本質なのです。

ですから極端ですが、**取引先と接するときは、「診断」「審査」「評価」といった相**

手を品定めするような表現は一切使わないようにすることも有効かもしれません。

相手のユニークなところを探すつもりで会話

企業へのコンサルティングやサポートにｆ-Ｂｉｚ方式を取り入れた第一号は東京の巣鴨信用金庫なのですが、同金庫の職員がｆ-Ｂｉｚで研修をしていたときは、**「面白いものを発見してきなさい」**という課題を与えていました。

これが非常に効果的で、この「面白いもの探し」を日常的に行ったことにより、それまで全く気付くことのなかった企業のオリジナリティがたくさん見つかるようになりました。それまで「セールスポイントを探す」という切り口ではなかなか見つけ出せなかったのですが、そこから一歩抜け出すことができたのです。

私自身、セールスポイントを発見するときは、この会社（商品・サービス）のユニークなところはどこかな、という視点で探しています。第2章で紹介したAタクシーでいえば、ドライバーが高齢者ばかりというのは見方によっては極めて個性的といえます。本人たちは従業員の高齢化は問題だと困っているのですが、日本の企業組織においては平均年齢55歳以上という会社は希少であり、非常にユニークです。オールシルバーのベテランドライバーを売り（強み）として打ち出せば、オリジナリティが際立ち、注目されるタクシー会社になるのではないか。そういう予測が立てられます。

ユニークなところ、特徴的なところというのは、どんな企業にも必ず一つはあるはずです。会話のなかでそれを発見しようとしていれば、自然と会話が弾むはずです。

ですから、何度も申し上げているように、問題点の指摘ではなく、相手のユニークなところ、すごいと感じるところ、ワクワクするような部分はどこにあるのだろうという発想で会話を進めましょう。

自分がワクワクするかどうかは、非常に大事なポイントです。金融機関の経営支援によって業績が改善されたり、売上げが伸びたりといった成果がなかなか上がらないのは、「自分たちは企業を審査し、融資する価値があるかどうかを評価するのが仕事」という固定概念が邪魔しているからではないかという気がしています。

●取引先からビジネスの話を聞いてワクワクしますか？

金融庁がどんなに地域金融に対して「単なる数字ではなく、事業の内容や将来性を見極め、積極的な経営支援を行うように」と求めても結果が出ないのは、相変わらず減点主義の銀行の体質に根本的な問題があるのではないでしょうか。

しかし、いまや、独自のビジネスモデルを構築しなければ淘汰もやむなしという時代です。「企業を財務諸表で評価する」という発想を捨てなければ、ドラスティックなイノベーションは望めません。

金融機関にとっての生き残りをかけたイノベーション。その源泉になるのが、金融マン一人一人の意識変革です。顧客企業からビジネスの話を聞いているときに、自分がワクワクするかどうか。それ、面白い！ すごい！ と思えるポイントはどこにあるか。

「事業性評価」という名がついていますが、「評価」という言葉に縛られてはなりません。我々が取り組んでいるのは、企業を元気にするプロジェクトなのです。埋もれた強みに光を当て、もう一度輝かせるための「経営支援」であり「コンサルティング業務」や「ビジネスマッチング」なのです。

私自身、M&Aを担当していた銀行員時代は、日々ワクワクすることの連続でした。ジェットコースターに乗っているような刺激的な出来事ばかりだったのは、既存の銀行業務の枠にとらわれず、企業と企業の究極のビジネスマッチングを目指して、自分たちチームの判断で新しいサービスを作ってしまおうと、イノベーションを起こしていたからなのだと思います。

取引先のやる気を引き出せるかどうかは、自分が本気で取引先を元気にしたいと思えるかどうかにかかっています。顧客の業績アップに貢献したい。それがいずれ自分たちの融資につながり、自行の発展に貢献することになるのだ。そうした確信を持てるかどうか。相手をやる気にさせ、経営のパートナーとして顧客企業の成長をサポートするために何をすべきか。その答えは、もうおわかりですよね。

「企業を審査する、評価する」という従来意識を捨てること。これが、企業の光るところを発見し、イノベーションにつなげていく第一歩になるのです。

第5章

取引先を“稼ぐ企業”に変える必勝パターン

○○○○●○

ITEM

01

競合が多い市場は避け、ニッチ市場でのオンリーワンを目指す

顧客企業に「ほかにない」要素はないかを探してみよう

この章では、どうすれば取引先を〝稼ぐ会社〟に変えられるかの具体的な支援ノウハウについて、f-Bizで実際サポートしてきた事例を交えながらそのポイントを説明したいと思います。

まず、中小企業・小規模事業者が行き詰まった状態にあり、どうにかして売上げを上げなければならないと考えたとき、**いちばん避けなければいけないのは、競合の多い市場に参入すること**です。なぜなら、ライバルがたくさんいるマーケットでの勝負では、他社が自社より少しでも優れた商品・サービスを出してきたら、それを上回るものを開発しなければ勝ち残ることができず、また、往々にして価格競争になりがちだからです。

もちろん、ビジネスにおいて、こうした戦いは避けて通れないものです。しかし、カ

ネ、モノ、ヒトの経営資源に弱点を抱える小さな会社の場合、まともにその土俵で勝負しようとすると、体力を消耗し、結果的に経営状態がよくならないばかりか、逆に悪化してしまう危険性が高くなります。

また、さらに危惧されることとして、競合他社の動向にばかり気をとられ、ライバルに勝つことが目的になってしまうということもあります。

ビジネスの本質は、利用者のニーズに応えることです。想定する顧客層が何を求め、どうすれば満足してもらえるのかを追求する。それが本来あるべき企業の姿だと思うのですが、競合の多い市場で勝負すると、肝心のユーザーの存在が置き去りにされてしまいかねないのです。

理想的なのは、その市場においてオンリーワンであることです。戦わなければならないライバルがいなければ、100％顧客ニーズを満足させることに集中できます。また、価格設定の主導権を握ることが可能となり、「安くないと売れない」という消耗戦から脱出できます。

- **究極のオリジナリティを見出す**
- **圧倒的な差別化につながる要素を探し出す**

これが、f‐Biz流「取引先を〝稼ぐ企業〟に変える必勝パターン」の最重要ポイントにしてゴールともいえる秘策です。

その企業にしかないセールスポイントを発見し、その強みを最大限に発揮できるオンリーワンの市場を探す。そして、その市場でユーザーが求めているニーズをとことん研究し、それを超える価値を提供することに集中できる状態をつくっていく。この必勝パターンに入ることができれば最強です。**ニッチな市場でのオンリーワンを目指す**。それがf‐Bizで理想とする、究極のオリジナリティによる圧倒的な差別化戦略です。

f‐Bizではこれまでに2500社以上の企業や起業家の事業をサポートしてきましたが、それらを振り返ってみても、すべてのケースにおいて第一優先順位だったのが、このオンリーワン戦略でした。

●「ほかにない」オンリーワンのビジネスを探せ

たとえば、第3章でも取り上げた増田鉄工所（116ページ参照）。自動車部品の金型を製作する同社は、依頼に応じて金型の定期メンテナンスサービスを行っていました。ケースによっては他社製品も引き受けているとのこと。調べてみると、金型メーカーで同様のサービスを行っているところはほとんど見当たりません。**ほかがやっていないことは、究極のオリジナリティであり、圧倒的な差別化ポイントです。**

そこで、これまで依頼があった場合のみ対応していた定期メンテナンスを、新サービスとして打ち出すことを提案。「金型ドックBESTコンディション」というネーミングもこちらで考え、サービス内容をわかりやすく説明するチラシ作成のお手伝いもしました。

全国の自動車部品関連工場などにDMやメールを送ったところ、大きな反響があり、大幅な売上げアップにつながりました。さらには、次々と革新的な取り組みを続けていることが国内大手の自動車部品メーカーの目に止まり、新規の大型案件を受注することに成功。この会社とはその後も継続的に取引が拡大しているとのことです。

ほかにないビジネスには、2つのパターンがあるといわれています。ひとつは、需要があるのはわかるが、コストや手間がかかり採算性が低いのでどこの会社もやらないというケース。もうひとつは、潜在的なニーズはあるのに、誰も気づいていないケース。しかし、実際にはもうひとつあって、それが増田鉄工所のように、**引き受けた**

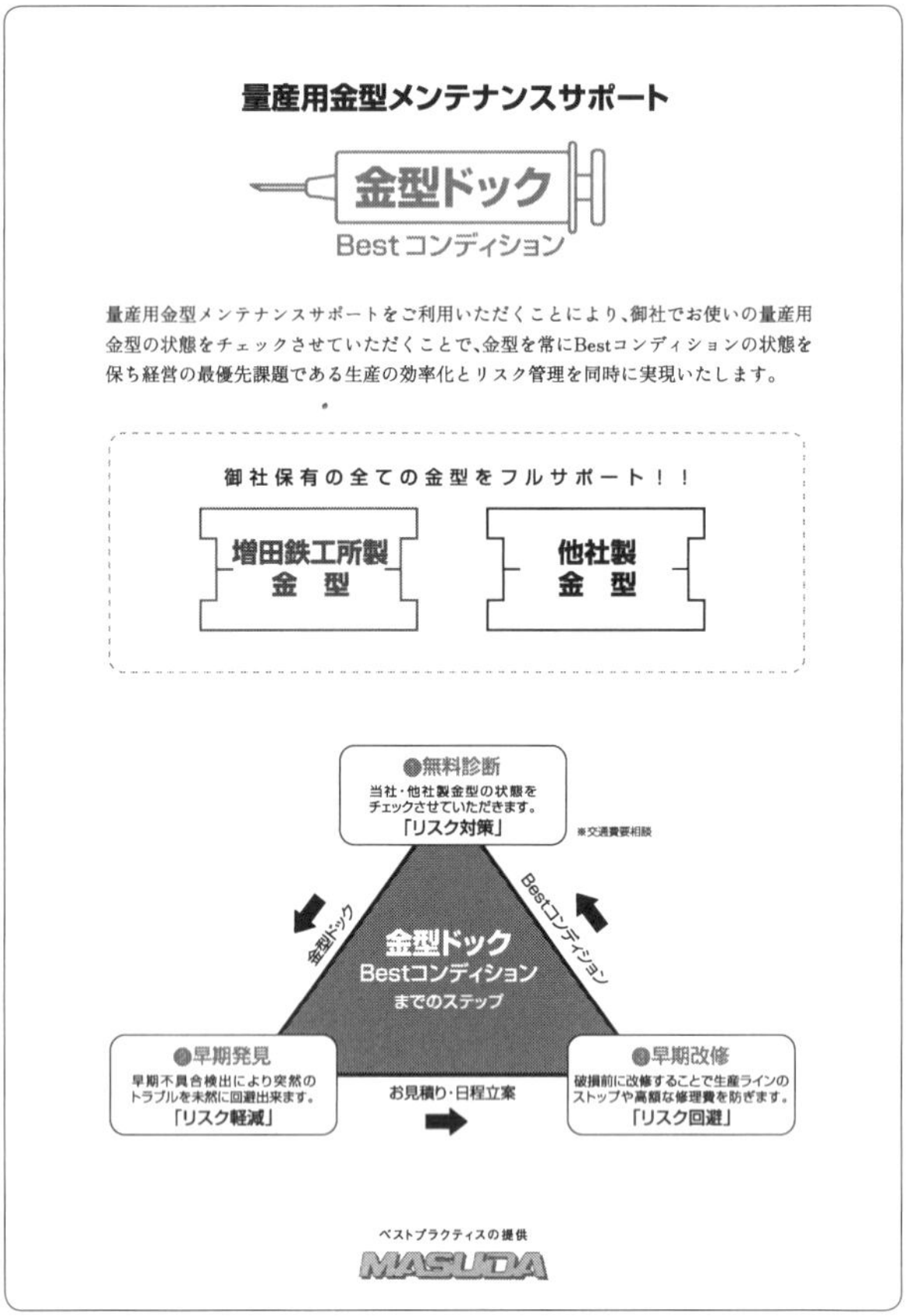

増田鉄工所の「金型ドックBESTコンディション」のチラシ。
オンリーワンのサービス内容をわかりやすく説明している。

ことはあってもビジネスチャンスが大きいことをあまり認識していないケースです。

本書ではここで初めて紹介する会社ですが、マルミヤ食品というレトルト食品の開発・製造を行う会社もまったく同じパターンでした。食品メーカーなどからの受託で食品加工やレトルト商品の製造をしていたのですが、古い設備で小ロットしか生産できず、大量受注に対応できないという悩みをもっていました。その代わり、100個単位から対応しており、しかも、どんな食材を持ち込まれてもリクエストどおりに加工する技術はあるとのことでした。

一般的なレトルト食品の受託製造は1万単位であることが多く、最低でも5000個以上からという世界です。そんな業界で「小ロットしか生産できない」というと弱点に聞こえますが、すべてのユーザーが5000個、1万個以上必要とは限りません。

たとえば、自分で開発したレシピをもとに加工してくれるところを探している個人経営のレストランやカフェ、洋和菓子店などは100個単位のほうが重宝するでしょう。あるいは、一般出荷できない規格外の生産物を加工品にしたいというような6次産業化を目指す農林漁業者も同様のニーズが見込めます。

実際、f-Bizには、同様の相談がレストランオーナーや生産者から持ち込まれていました。彼らはみな、既存の加工業者はロット数が大きくて頼めないと困っていたのです。

レトルト食品の開発・製造を行う業者は山ほどあります。しかし、１００個から対応してくれるところはほとんどありません。つまり、本人たちが弱点だと思っていた「小ロット受注」こそが、圧倒的なセールスポイントだったわけです。

できるだけ競合のいない市場でオンリーワンを目指すというと、難しそうに聞こえるかもしれませんが、実際にはこれらの例が示すように、「業界随一」とか「世界にひとつだけ」を目指す必要はありません。**製品としてのオンリーワンだけでなく、売り方、見せ方がオンリーワンということも成り立ちますし、商品によっては日本で唯一である必要もなく、○○県や○○市でオンリーワンということでも可能性は十分に広がるのです。**

●ネット検索で希少性を調べてみる

前に紹介した椿油の専門店、サトウ椿のケース（46ページ参照）も同じです。世界的な高級外資系ホテルの天ぷら店がいちばんの取引先であることがセールスポイントだったわけですが、その価値を最大限に引き出すために提案したのが、「天ぷら専用」

に特化させることでした。

f-Bizでは、**何か新しいプランを提案するときには、必ず客観的な裏付けをとってから相手に提示する**ようにしています。ビジネスの現場では、「これは売れるに違いない」「これはいけそうだ」と直感でピンとくることがありますが、カンや経験則のみに頼ってしまうと、消費者ニーズやビジネストレンドを読み違える危険性があります。そこで、我々は必ず、提案しようとするプランが現実的に効果的かどうかをさまざまな客観情報から探り、確信を得たところで初めて提案するようにしているのです。

客観的な情報源として、私が銀行員時代からずっと活用しているのは、新聞をはじめ、あらゆる媒体の記事が検索できるデータベースです。特に、新聞記事は信頼できる客観情報の宝庫。何かにつけて気になったことはすぐにリサーチするようにしています。

「天ぷら専用の椿油」というアイデアが浮かんだときも、すでにそうした商品が市場に出回っていればオンリーワンとはいえませんから、提案する価値がありません。すぐにデータベースを使って、食用椿油の市場調査を行いました。

検索をかける際には、どんなキーワードを選ぶかも大事です。的外れのキーワードでは、目的の情報にたどりつくのに時間がかかってしまいますし、的確な情報が得られないとも限りません。

どんなキーワードをチョイスするとよいかですが、それには調べようとする事柄の「本質」は何かをよく考えてみることです。

たとえば、木工品メーカーと新商品開発の可能性についてディスカッションしていて、「桐をつかったオーダーメイドのウォッチスタンド」にはどのようなものがあるのか、それを商品化したら売れるかどうか調べよう、となったとします。データベースやネットを使いこなせない人は「桐製ウォッチスタンド」「オーダーメイド　ウォッチスタンド」などといったキーワードを入力するでしょう。しかし、それではそうした商品があるかどうかはすぐにわかりますが、売れるかどうかを判断する情報にたどりつくには時間がかかります。

調べるべき事の本質は、桐製でしかもオーダーメイドという「こだわり」がある、「高級」な「ウォッチスタンド」の市場性なので、検索キーワードに注意して、たとえば日経テレコンを使っているのであれば、「絞り込み」をかけながら、そうした商品に対する消費トレンドや消費者ニーズを見つけていきます。

ここでは、食用の椿油にはどのような商品があるかを知りたかったので、まずは単純に「椿油」「食用」で検索しました。すると、過去7年間で135件がヒットしました。どのくらいの期間を設定して調べるのかも意外と大事なポイントで、私は**7年間を基本として調べる**ようにしています。というのも、これまでの経験上、ビジネストレンドをつかむには7年が一つの目安になると考えているからです。

新聞記事で135件もヒットするということは、どんなに品質がよくても「食用の椿油」というだけでは競合のなかで埋没してしまいます。

ここで、仮説の登場です。「天ぷら専用の椿油」ではどうか。前の二つのキーワードに「天ぷら」を加えて絞り込むと、ヒットしたのはたったの7件でした。記事の全文を1件1件チェックして読んでいくと、天ぷら専用を謳った椿油の商品はごくごく少数しかないことがわかりました。しかも、最高級のプレミアムな品質と希少性がありながら、その価値がほとんど知られていなかったのです。

それならば――と戦略が見えてきます。食用の椿油は山ほどあっても、天ぷら専用は数品しかない。そのうえ、まだ知られざる存在となれば、誰のための商品なのかターゲットを明確にし、効果的な見せ方・伝え方さえできれば、オンリーワンの価値ある商品としてヒットする可能性は大いにある！　そう確信しました。

●キリンメッツコーラはなぜヒットしたか？

このように、**「ほかにない〜」「知られざる〜」といった要素が顧客企業にないかを探してみてください。**オンリーワンや希少性を探し出すのに有効なのが、前述したこの質問です。

「これまでに変わった仕事はありませんでしたか？」
「へんな依頼、珍しいユニークなオーダーがあれば教えてください」

本人たちが特に意識していないなかに、そのヒントが隠れているかもしれません。

たとえば、メジャーなヒット商品にキリンメッツコーラがあります。それまでコーラ市場はコカ・コーラの独占市場で、二番手のペプシコーラですら苦戦している状況が長く続いていました。各社が打倒コカ・コーラを狙ってさまざまな新商品をぶつけましたが、ことごとく大敗してきた歴史があります。

そんななか、キリンはコーラ系飲料として史上初の「特定保健食品（通称・特保）」の許可を受けたキリンメッツコーラを２０１２年に発売。「コーラは健康にプラスにならない」というかつての定説を打ち破るヘルシー路線の戦略が大当たりし、大ヒットしました。その後、各社とも追随し、特保コーラを発売しましたが、特保コーラのジャンルではキリンメッツコーラが引き続き存在感を発揮しています。
キリンの勝因は、どのメーカーも考えなかった「特保」というジャンルに食い込み、オンリーワンを獲得したことにあります。キリンのこの戦略は、中小企業や小規模事業者を支援するうえで非常に参考になります。

大きな資金を投入して新しい設備を導入したり、広告宣伝費にお金をかけなくても、工夫しだい、知恵の絞り方次第で、オンリーワンを狙うことはできるのです。

ITEM 02

常識や慣習にとらわれない発想で企業の「弱み」を「強み」に変える

弱点がセールスポイントになることは少なくない

どんな企業にとっても、ヒト・モノ・カネなどの資源は重要です。しかし、中小企業・小規模事業者のほとんどはそれらのリソースが不足しています。優秀な人材が集まらない。業務の効率化を図るため最新設備を導入したいが資金不足で購入できない。広告宣伝にかける費用がない……。こうした課題を常に抱えているのが、みなさんの取引先の現実でしょう。

しかし、そうした弱点だらけに思える企業も、**知恵の出し方次第で必ず「弱み」を「強み」に変えることができます**。

前述した食品加工会社のマルミヤ食品のケース（183ページ参照）など、まさにその典型的な事例といえます。マルミヤ食品の社長がf‐Bizを訪れたのは、実は廃業の相談をするのが目的でした。社長の口から最初に出たのは、「もう仕事がとれないので来月会社をたたもうと思っている」という話。機械が老朽化して小ロットしか生産できないので、企業からの大量発注に対応できないとのことでした。

「設備が古い」「効率が悪い」「小ロットしか生産できない」。この三重苦を聞いて、そのとき私が、「それじゃあ仕事が来なくなるのも仕方がない」などと相手の言葉そのままに受け取ってしまっていたら、マルミヤ食品をいまのような〝稼ぐ企業〟に変えることなどできなかったでしょう。

たとえ廃業寸前まで悪化した経営状態の会社でも、必ずセールスポイントはあるとの信念で知恵を絞ることが大事なのです。

「小ロットしかできない」というのは、大量生産を求める顧客からしたら確かに弱点です。しかし、少ない量で十分だというニーズだってあるはず。社長の話を聞いて、「それこそが強みになる」そうピンときたのは、**誰もが弱点だと思い込んでいる部分がセールスポイントになることが少なくない**からです。それに加え、前述のとおり、実際f‐Bizに「量は多くないが、自分の開発した料理をレトルトにしたい」とか「市場に出せない規格外農作物を加工品にしたい」といった相談が複数持ち込まれていたことも頭にありました。

もし私が常識や業界の慣習などにとらわれていたら、「小ロットしか作れないのは弱点」という思い込みから抜けられなかったでしょう。つねに、常識や当たり前とされている事柄について、**「そうはいっても本当のところはどうか?」**と検証する思考グセがあったおかげで、小ロットだからこそ喜ばれる層がいるはずだという発想が生まれたのだと思います。

相手が可能性をイメージできる説明を

ただ、そうした発想が生まれたとしても、そこで単に「小ロットは強みです」と社長に話しただけだったら、おそらく納得はしてもらえなかったでしょう。それどころか、「何をバカなことを言ってるんだ?」とむしろ不信感を与えたかもしれません。その際には、**なぜそれが強みになるのか、具体的にどんなビジネスチャンスがあって“稼ぐ企業”に変われる可能性があるのかを相手がイメージできる形で説明する**ことが大事です。

マルミヤ食品のケースでは、私はまず、社長にこう伝えました。

「レトルトや加工食品をつくってほしいというニーズってけっこうあるんですよ」

相手にまだまだチャンスはあると思ってもらうためのフックです。そのうえで、弱点だと思い込んでいる部分がじつは強みになることをこんなふうに示しました。

「たとえば、地元で人気の洋食屋さんが自分の自慢の料理をレトルト食品にして販売したいといった相談、けっこうあるんですよ。でもそのときに一つ困ったことがあって、既存のレトルトメーカーに依頼すると、最小生産ロットが５０００個から１万個なので、個人店が売りさばける数字ではないんですね。だから、これまでは断念していたらしいんです」と。

さらに、「農家からも同様の相談があるんですよ」と言って、６次産業化を目指す生産者にとっても小ロットの食品加工はニーズがあることを次のように丁寧に説明しました。

「６次産業化という言葉、ご存知だと思います。国が１次産業を強くするためにさまざまな応援をしているのですが、そのひとつに市場に出せないような規格外の野菜や果物を加工品にして販売するという取り組みがあるんです。たとえば、トウモロコシの生産者がコーンスープのレトルトをつくりたいと考えたとき、やっぱり既存のメーカーだとロット数が大きすぎて一農家では売り切れないとあきらめていたということでした」

ここまで説明しないといけないのかと思うかもしれませんが、相手は自社にはなんの強みもないと思い込んでいます。その**ネガティブな意識を180度変えるには、複数のリアルな事例を、客観的な数字を交えながら、相手が具体的にイメージできるようにして伝えることが大事**なのです。

●本当に弱点なのか、ゼロベースで検証してみる

そのうえで、ようやく本題です。

御社はいくつから作れるかと聞き、100個からだという答えに対して「それはすごい！」とまずほめます。「何が？」という反応の相手にさらに話を重ねます。

「いま話したように、小規模の飲食店や農業生産者など、100個からつくってくれる業者を探しているところはたくさんあるはずです。そうしたところにきちんと訴求する戦略を練れば、絶対にブレークできますよ！」と。

相手は廃業の話をしにきたのに、ビジネスチャンスはまだまだあるという提案をされて、それが納得性の高い内容だったために、再びやる気を取り戻すことができました。そして自社の強みはほかにもあると説明してくれました。それは、長い業歴から膨大な数のレシピを保有していて、どんな素材でもレトルトにできるということでし

弱点も見方を変えれば強みになる

誰もが弱点だと思い込んでいるような要素は
本当にそうか、一度ゼロベースで検証してみよう

た。レトルト商品の開発・製造を１００個からできるなんて、そうそうやれる企業はないはず。それこそこの会社の最大の強みであり、設備が古くても、小ロットしか対応できなくても成功できるに違いないと私は確信しました。

感覚的な判断だけでは読み間違える危険性もあるので、同時に日経テレコン等の有料のデータベースを活用し、１００個から受注する企業がほかにどれだけあるかをリサーチ。その結果、レトルト食品の開発・製造を受託するサービスは１０００個からしか見当たりませんでした。つまり、１００個という数は桁違いに小ロットだったわけです。この客観的裏付けがあれば、自信を持って相手に提案できます。

さらにこのケースの大きなポイントは、ターゲットもニーズも明快であることでした。ターゲットは小規模の飲食店や農林水産事業者。ニーズは、少ないロット数で引き受けてくれるところがなくて困っているということ。しかも、競合がいない、オンリーワンの独占市場。これで成功しないわけがありません。

サービスの魅力がわかりやすく伝わるネーミングもこちらで考えました。その名も「レトルトクリエーション」。レトルト業界に新たな創造をおこすというメッセージを込めて、１００個からどんな素材でも引き受けます、というキャッチコピーも添えて売り出したところ、新たな顧客開拓に成功し、注文が殺到。同社は廃業の危機を乗り越え、V字回復を実現できたのです。しかも、設備は従来のまま。PRコストも使わず、つまり、お金をかけずに再生することができました。

このように、**誰もが弱点だと思い込んでいるような要素は、一度ゼロベースで本当にそうだろうか、じつはそれこそがセールスポイントになるのではないかと検証してみる**とよいと思います。

「弱み」を「強み」に変えるということは、思い込みを排して自分の頭で知恵を絞り、試行錯誤を繰り返すなかで生まれるイノベーションです。特に、ヒト・モノ・カネといった資源が少ない小規模の企業に必要なのは、**「何もない」「弱点ばかり」をポジティブに転換する知恵**であり、ビジネスセンスなのです。

ITEM

03

多くの人に知ってもらうためSNSを使った販売戦略を展開する

使い方次第で最強のビジネスツールに

地域の中小規模の企業を短期間で稼ぐ企業に変える戦略として、f-Bizではパブリシティ戦略や、SNSを通じた情報発信に力を入れています。特に伝播力の高いテレビと新聞に対しては、相談企業が新しい取り組みを始めたり、新商品・サービスを売り出したりするタイミングで、プレスリリースを作成し、メールやファックスで配信するようにしています。

ただ、こうしたパブリシティについて強調すると、往々にして、メディアが取り上げてくれたからヒットしたのかと勘違いされます。しかし、それはまったくの誤解です。たとえメディアに取り上げられなくても、その商品は商品力の高さで必ず売れたはずで、メディアの活用はそこに勢いをつけただけなのです。

人々のニーズに応えるものであれば自然と売れる。私はそれを「もともと売れる商品だから売れたのです」と説明しています。

ですから、我々が集中すべきことは、そうしたポテンシャルの高い商品やサービスを生み出すためのアドバイスであり、パブリシティはそこで生まれたものを、よりスピーディーに広く世間に浸透させるために活用しているだけなのです。

メディアだって、魅力的な価値ある商品やサービスだと思わなければ取り上げることはありません。結局はやはり、いかに人々が求めているものを生み出すことができるかにすべてはかかっているのです。

そのうえで、販売戦略として重要なのは、とにかく多くの人に知らしめることが先決だということです。当然ですが、どんなにいい商品で、たとえ競合がないものだとしても、知ってもらわなければ売れません。

そのためのパブリシティなわけですが、我々が意識しなければいけないのは、広告宣伝費に予算などない企業がほとんどだということ。だから、**いかにお金を使わずに知らしめていくか**に知恵を絞らなければなりません。

●SNSの重要性をピコ太郎のエピソードで説明

そこで、f-Bizがとっている手法は2つ。まずはSNSをフル活用した情報発信です。フェイスブックやツイッター、インスタグラム、ブログなど、いまの時代、無料で全国に、世界にと情報発信できる手段がいろいろあります。これらのツールを上手に使って、自ら情報発信を行うことは欠かせません。**販売戦略として、積極的にSNSを取り入れることを提案しましょう。**

SNSの重要性を相手に納得してもらうために、私は最近、ある実例をお話しするようにしています。それは、動画投稿サイトで世界的に話題となったタレントの「ピコ太郎」のエピソードです。

彼はそれまではなかなか知名度があがらない芸人でしたが、YouTubeに「ペン　パイナッポー　アッポーペン（PPAP）」の動画をアップしたところ、動画再生回数が1億回を超え、その楽曲が世界130カ国以上で配信されるなど、世界的な有名人になりました。メディアで頻繁に登場していますから、ご存知の方も多いでしょう。

ピコ太郎がこれだけ注目されるようになったきっかけは、ジャスティン・ビーバーという世界的なスターが自身のツイッターで「お気に入りの動画」として紹介したことでした。それまでの再生回数は100万回を超えた程度でしたが、一気に2000万回近くに急増し、現在も再生され続け、累計1億回を突破。YouTubeというSNSに投稿しなければ、彼はここまで有名にはならなかったでしょう。

これがSNSの威力です。ピコ太郎は例外、と思われるかもしれませんが、誰にだって彼のようになれるチャンスがあるのがSNSというメディアなのです。

こうやって説明すると、相手は深く納得し、インターネットは苦手とか、興味がないという人でも、そんなにすごいのなら自分も挑戦してみようかと意欲を示すようになるはずです。

難しいことは考えず、短くても発信してもらう

発信することは大事なのですが、ただ情報を流すだけでは人の心を動かすことはできません。**セールスポイントを明確にし、わかりやすいコンセプトを構築する**ことが必要です。

その好事例として、f-Bizでサポートさせてもらったなかから、「かわむら呉服

店」の取り組みを紹介しましょう。

きもの離れが進み、ただでさえマーケットが縮小している呉服店業界では、いま、全国規模の大手チェーン店が各地に出店し、個人店の経営を圧迫、廃業に追い込まれる地方の呉服店が増えています。

かわむら呉服店は静岡県の富士宮市で60年以上の歴史がある呉服店ですが、同店とて状況の厳しさは例外ではなく、周囲の同業者が次々と廃業する中で、なんとか打開策を講じなければと危機感を抱いてｆ－Ｂｉｚに相談に訪れたのでした。

そんなかわむら呉服店に私が真っ先に提案したのは、フェイスブックやツイッターと連動したビジネスブログを立ち上げることでした。

どんなにマーケットが縮小していても、着物を愛するコアな客層は手堅く、また、ファッションとして着物を楽しむ若い人たちもいます。3代目の経営者である河村徳之さんからのヒアリングで、品揃えやサービスがしっかりしていることはわかっていたので、それをそうした地域の〝きものファン〟に知ってもらうことができれば、必ず売れると予想したのです。

しかし、河村さんはそれまで、ＳＮＳをやったことがまったくありませんでした。みなさんの顧客にも、河村さんのようにネットが苦手とか、ソーシャルメディアに興味がないという方はいらっしゃると思います。その場合には、ビジネスブログやフェイスブックの立ち上げ、更新の仕方等について具体的にレクチャーすることが必要です。特にさほど難しいものではありませんから、基本的な操作の流れをお教えして、あとは**とにかく始めてもらうことが大事**です。

河村さんも最初は何を書いていいかわからない状態でしたが、難しいことは考えずに、ふだん自分が考えている着物に対するこだわりや想いを毎日１本、短くていいので発信しましょうとアドバイスしました。

結果、ブログ開始から１カ月もたたないうちに、固定読者が約１５０人になり、アクセス件数もアップ。ツイッターのフォロワーも５００を超えました。

●ターゲットを絞り、SNSで効果的にPR

ソーシャルメディアは、中高年層より若い世代に広く活用されているメディアです。その特徴を活かし、次に考えた戦略は、成人式にターゲットを絞ったSNSによる情報発信でした。

着物業界にとって最大のマーケットは成人式の着物です。大手呉服チェーン店は、

かわむら呉服店のブログのトップページ。

成人式対象者に対して2年も前から大量のDMやカタログを送るなど莫大な広告宣伝費をかけています。個人経営の小さな呉服店には到底できない営業活動であり、同じ戦略をとっては絶対に負けてしまいます。

　ここからが知恵の絞りどころです。私が目をつけたのは、大手の営業は成人式を翌年に控えた夏頃にはたいてい終わるという点。近年の成人式は、記念写真の撮影が8月頃から始まってしまうことから、大手にとっての商戦は夏で終わるのです。

ここで仮説を立てたのが、夏の時点で着物を決めている人は多く見ても7割程度ではないかということです。ならば、残りの3割にターゲットを絞り、SNSを使って効果的なPRを行えば、顧客を取り込めるのではないか。そう予測し、どの着物にしようか悩んで決めかねている成人予備層に対して、「今からでも間に合う」「早く決めないでよかった」をアピールした情報発信を行うことを提案しました。

効果はてきめんで、次々と注文が入り、その年の成人式商戦では1000万円以上の売上げアップを実現しました。

絶大なるSNSの効果を実感した河村さんは、その後も積極的に毎日1本の情報発信を続け、現在では、新規で来店する客はすべてSNS経由とのことです。かわむら呉服店の商品は、生地や織り、染めなどにこだわっているものばかりであり高額商品が並ぶのですが、わざわざ他県から買いにやってくる客が多いのだそうです。これも、ブログとフェイスブックの効果です。

SNSの素晴らしい点は、お金をまったくかけずに全国に情報発信できること。かわむら呉服店の場合、SNSを使う以前は40万人強の富士・富士宮地区の商圏だったのが、いまや沼津や静岡、加えて首都圏からも客が来るようになりました。つまり、商圏は１０００万人規模にまで広がったことになります。

このように、**ＳＮＳは使い方次第で最強のビジネスツールになります。**ぜひ、顧客の販売戦略を考えるうえで積極的に提案していきましょう。

ITEM 04

情報の出し方を工夫しメディアの注目度を高める

ニュース性、社会性、共感性のいずれかに当てはまるセールスポイントをアピール

SNSの活用とともに考えたいのが、メディア対策です。どんな情報発信をすればターゲット層が興味を示すかという視点と、どんな見せ方をすればメディアが関心を示すだろうかと検討することは、じつは方向性は同じなのです。

取引先は無名な企業だから、テレビや新聞に取り上げてもらうなんて無理。そう思われるかもしれませんが、**メディアは「報道」という側面を持っています。そのアンテナに引っかかるようなプレゼンテーションができれば取り上げてくれる可能性は十分あります**。

では、どうすればメディアの注目を集められるのでしょうか。これも難しく考えることはありません。彼らは仕事柄、つねに〝ニュースな情報〟〝話題性の高い出来事〟を求めています。ですから、伝えたい情報、取り上げてもらいたい情報はニュース性

が高いことが重要となります。

商品のセールスポイントが明確であればあるほど、ニュース性は高まります。たとえば、**「業界初」「県内初」「これまでの常識を破った」などといったオンリーワンの商品であれば、報道機関はニュースとして取り上げたくなる**でしょう。

●いちばんの売りがパッと見て伝わるリリースを

メディアに取り上げてもらうための戦略として、f‐Bizでは、新しいサービスや商品のニュースリリースづくりについてもアドバイスしています。

リリースに盛り込む内容は特別変わったものではないのですが、いちばん際立たせるべき点は、やはりセールスポイント。いちばんの売りは何かということがパッと見て伝わるようにすることが重要です。

大量の情報を扱うメディア関係者に「おっ！」と振り向いてもらうためには、商品名や最初のキャッチコピーに強いインパクトがあることが効果的です。最後まで読まなければ、何が魅力なのか伝わらないようなリリースではダメで、一瞬で「これは面白そうだ」と思わせる必要があります。

ポイントは、いま述べた「ニュース性」に加え、「社会性」や「共感性」をアピールすることです。「社会性」とは、最近増えている社会課題を解決するコミュニティビジネスや、現代の社会状況を反映するような要素です。

たとえば、我々がサポートした中に、60歳以上に特化した人材派遣事業をはじめた会社がありました。2012年に改正された労働者派遣法で原則禁止となった日雇派遣で、60歳以上が例外として認められていることに着目したビジネスでした。

見方によっては法の網をくぐりぬけたビジネスと誤解されてしまうのではないかと考え、社会貢献型、地域貢献型のビジネスというコンセプトで展開してみませんかと提案しました。

いまの60代、70代は、まだまだ知力も体力もありあまっている中で、単に生活を維持していくだけでなく、社会に貢献したい、世の中から求められる存在でありたいと思っているのではないか。そうした彼らの希望を叶える場として「派遣」という働き方を提案する。同社のビジネスをそのように位置付けたのです。

これにあわせてシニア世代専門の「キャリアサポートセンター」開設も提案したのですが、そのオープン時には多くのメディアがかけつけてくれました。

●共感を得ることも大事なポイント

もう一つの「共感性」というのは、その名のとおり、多くの人から「そのとおりだ」「よくわかる」と共感してもらえるということです。

第3章で紹介した菜桜助産所と仕出しおがわの「産後ママ応援弁当」は、助産師である堀田さんが、出産後の母親が育児や家事に追われ、肉体的にも精神的にも負担が大きいことを痛感していて、彼女たちの負担をどうにかして軽減してあげたいという思いから生まれた商品でした（144ページ参照）。連携を提案された仕出しおがわの小川さんは、堀田さんの思いに深く共感し、二つ返事で協力すると言ってくれました。

弁当の配達がはじまると、こちらも数多くのメディアが強い関心を持ってとりあげてくれました。

ニュース性や社会性、共感性のいずれかに当てはまるセールスポイントを見出すことができれば、メディアの注目度を集めやすくなります。そしてメディアに取り上げてもらえれば、短期間に広く知ってもらうことができて、売れるサイクルをつくることができるというわけなのです。

こち女 Women's CHOICE

買い物・料理が大変
母乳育児をしたい

産後ママ「食」で応援

助産師発案 宅配弁当

出産後間もない母親を「食」からサポートしようと、富士市の助産所と料理店が連携した新宅配サービス「産後ママ応援弁当」の販売が始まった。発案者は「菜桜（なお）助産所」（同市宮島）の助産師堀田久美さん（47）。育児や家事で精神的、肉体的に負担のかかる産後の母親のために、栄養バランスの取れた食事を提供したいという思いがきっかけだった。

富士

出産や慣れない育児の不安、授乳による寝不足、毎日の買い物―。母乳のため栄養バランスを考えたいが、食事が思うように作れず悩んでいたママたちを目の当たりにしてきた。「産後女性の負担を少しでも軽減できれば」（堀田さん）と業者に協力を呼び掛けた。

応じたのは、仕出し料理店「仕出しおがわ」（同市今泉）の取締役、小川友代さん（53）。自身も産後、孤独や不安を抱えた経験があり「家庭の味にこだわり、産後ママに笑顔と元気を届けたい」と賛同した。

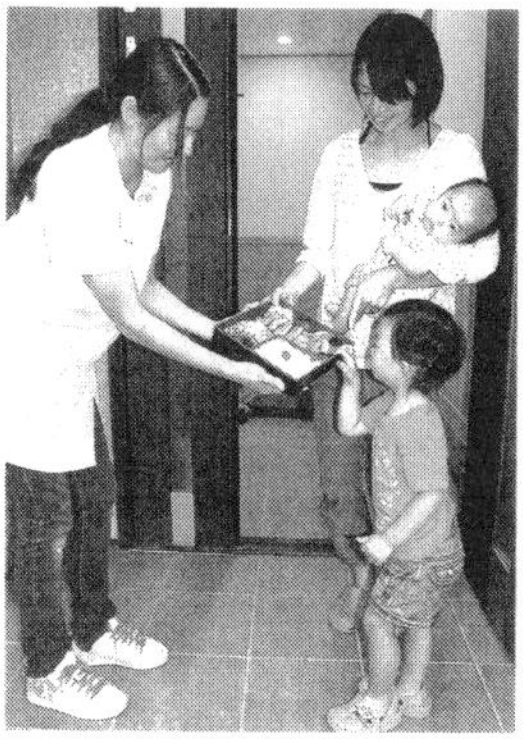

産後ママ応援弁当を届ける仕出しおがわのスタッフ＝10月、富士市

油分抑え、食材にも配慮

弁当は日替わりで500～600円。昼、夜ともに1食から配達する。油分を控えた料理や、豆腐や卵などたんぱく質の豊富な食材、母乳がよく出るとされるあずきを使うなど工夫して、母親の体に気を配った無添加のメニューにこだわった。

注文した2歳と2カ月の2児の母、岩辺裕生子さん（34）＝同市岩本＝は「主人や子どもにいろいろな種類の料理を作りたいが、赤ちゃんの面倒を見ながらは大変。食材も栄養も考慮されているので助かる」と話した。

堀田さんは「赤ちゃんをきちんと世話しなくてはいけないという思いと、整った食事を作らなくては手抜きのようでつらいという思いで板挟みになり、プレッシャーを抱いているお母さんも多い。しっかりした食事を取ってお母さんの体も大事にしてほしい」と話す。

新サービスでは夫向けのボリュームある料理や、子ども向けのメニューなども同時に注文できる。富士市の配送エリア内で1個から配達可能。

（富士支局・水野紗希）

共感性の高さから、「産後ママ応援弁当」には多くのメディアが関心を持ち、取り上げた。上の記事は2014年11月5日付の静岡新聞夕刊。

ITEM

05

「ものはいいのに売れない」場合はターゲットを変えてみる

商品やサービスの特性とターゲット層が合致しているかどうかを検証してみよう

「自信をもって提供できる商品なのですが、なかなか売れなくて困っています」

顧客からそんな悩みを聞くこともあるでしょう。客観的に見て、「確かにモノはいいのに、なぜか売れない」、そんな商品やサービスが世の中にはたくさんあります。どんなにハイクオリティなものでも、それを求めるユーザーにきちんと伝わらなければ売上げにつながりません。**商品は決して悪くないのだが、なぜか売れない——。そうしたケースで考えられるのは、ターゲット層の読み違いか、そもそもターゲットを絞り切れていないかのどちらかです。**マーケティングでいうところの「ポジショニング」の誤りです。

たとえば、その商品やサービスを本当に必要としているのは、子育て中のキャリアウーマンなのに、シニア層に向けたPRしかできていなかったら売れにくいでしょう。

ターゲットの絞り込みが甘いというのは、たとえば「素材にもデザインにもこだわっているので、上質なものを求めるアッパー層に買ってもらいたい」といったケースです。ライフスタイルや嗜好が細分化しているこの時代、「富裕層のこだわり派」というだけでは、網の目が大きすぎて、本当にその商品を求めているユーザーを取りこぼしてしまっている可能性があります。

このように、ターゲットを的確に絞り込むことは売上げに直結する重要なポイントなのですが、そこがきちんとできていないために伸び悩んでいる企業は少なくありません。売上げが低迷する企業に対しては、さまざまな角度から原因を分析する必要がありますが、まずは、**商品やサービスの特性とターゲット層が合致しているかどうかを検証してみてください。**

では、それは具体的にどのように行えばいいか。実際にf-Bizがサポートした事例で説明していきましょう。

●ホラー小説が印刷されたトイレットペーパーのターゲットは？

地元富士市の製紙会社である林製紙から相談を受け、一風変わったトイレットペー

ターゲットの的確な絞り込みを！

◉商品は悪くないのに売れない理由

①ターゲットを読み違えている

②ターゲットが絞り切れていない

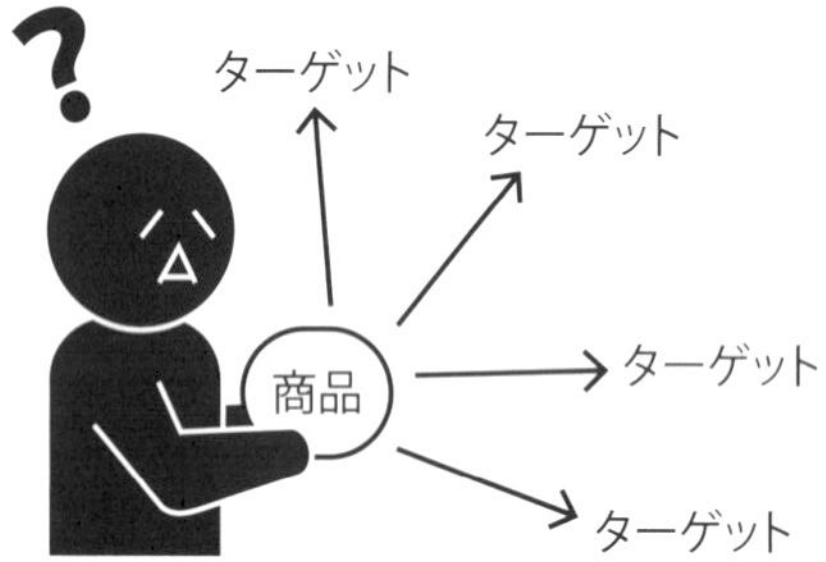

ターゲットの的確な絞り込みが
売り上げに直結する

パーのプロモーションをお手伝いしたことがあります。それは、小説家の鈴木光司さんの書き下ろしホラー短編小説をトイレットペーパーに印刷するという企画でした。社長はこれまでにない商品だし、人気小説家が協力してくれることもあり、話題になるに違いないと売上げに自信があるようでした。

確かに、発売後すぐは物珍しさから売れるかもしれません。しかし、一時的なインパクトだけに頼ってしまっては可能性を低めてしまいます。目新しさや奇抜さだけではニーズをとりこぼすかもしれません。やはり、どんなユーザーがこれを欲しいと思うか、喜ばれるかというターゲットをしっかりと見据え、その層にフィットした商品コンセプトを構築することが重要だと私は考えました。

この商品の場合は個性が際立っていましたので、ターゲット層を割り出すのはそれほどむずかしくありませんでした。人気小説家のホラー作品が印刷されたトイレットペーパーですから、それを読んでみたいコアなホラーファンが主たるターゲットでしょう。

ターゲット層にすぐに気づいてもらうためには、彼らに向けてのわかりやすいキャッチコピーが必要です。そこで、「ホラーファン待望の究極に怖いトイレットペーパー」という商品コンセプトで売り出すことを提案しました。

ホラー好きな人たちは映画でもドラマでも小説でも、新作が出るとチェックし、「どれだけ怖いか」を一つの評価基準としています。その志向にフィットするよう、「究極に怖い」というフレーズを入れて、絞り込んだターゲットにダイレクトに届くアプローチを考えたわけです。

普通のトイレットペーパーは家庭用品であり、おもなターゲットは主婦。それに対して、こちらはホラーファンを狙っているのですから明らかにターゲットが違います。徹底的に絞り込んだ層に訴求する戦略をとりました。すると、発売前からファンの間で話題となり、全国の主要書店での大型展開も決まり、発売数カ月で20万ロールを売り上げるヒット作となったのです。

その商品をいちばん求めているのはどの層か？

第1章で、インテリア小物や小型家具の製造・販売を行っている「豊岡クラフト」のケースを紹介しました（27ページ参照）。この豊岡クラフトは、まさに「ターゲットを変えた」ことによって売上げが飛躍的に伸びた成功事例といえます。

どんな事例だったかもう一度紹介すると、我々がサポートする以前、同社がターゲ

JALとANAの機内誌に掲載された豊岡クラフトの商品。ターゲットと商品が合致したことで売上げは大きくアップした。

ットとして販売を強化していたのはカタログ雑誌の最大手のひとつでした。

この雑誌のメインユーザーは、所得層でいえばミドルクラスの少し上から、その周辺層と思われました。しかし、豊岡クラフトの商品は、最富裕層が利用する丸善ブランドとしても販売されています。会社としては、中流から少し上の所得層を狙って販売戦略を展開していたのですが、そのマーケットでなかなか売れなかったのは、同社の商品をいちばん求めているのは、所得がもっと上の最富裕層だったからと考えられたのです。つまり、ターゲットにズレが生じていたわけです。

そこで提案したのが、ＪＡＬとＡＮＡの機内誌に掲載してもらうことでした。富裕層向けのこだわりの商品が並ぶ機内誌で頻繁に買い物をする顧客は、丸善ブランドを求める層と合致しています。こうしてターゲットを変えたことで狙いは見事に当たったわけです。

●相手が口にするネガティブな情報にとらわれない

この二つの事例が示しているのは、顧客が**どんな人たちなのかを見極め、最適なターゲットに向けて効果的な販売戦略を考える**ことの重要性です。

先ほど「弱み」を「強み」に変えた事例として紹介した、レトルト食品の開発・製造のマルミヤ食品も、見方を変えれば、ターゲットを明確に絞ったことが成功の要因になったと言えます（１８３ページ参照）。

それまでは食品メーカーの下請けだったことから、顧客対象は食品メーカーしか考えていませんでした。しかし、我々が提案した「レトルトクリエーション」いう新サービスのターゲットは、飲食店や菓子店、農林水産業者。まったく顧客対象が違います。

なぜターゲットを変えるべきだと判断したかというと、マルミヤ食品の真の強みは何かを追求していくなかで、100個単位の小ロットでも引き受けるという点に注目したからです。

たしかに、従来の食品メーカーをターゲットにしている限り、小ロットしかできないことは非効率で致命的な弱点といえるでしょう。しかし、小ロット生産を求めるユーザーも多くいるわけで、そうした先にとってはこれ以上の強みはなく、実際、ターゲットを変えた結果、大幅な売上げアップにつながりました。

このように、取引先を「売れない」現状から、「売れる」「儲かる」企業に転換させるための手法として、**ターゲットの見直しは必ず検討**していただきたいと思います。

その際、注意が必要なのは、「売れない」「時代遅れ」「効率が悪い」「最新設備がない」など、**相手が口にするネガティブな情報にとらわれない**ことです。経営がうまくいっていない場合、自信を失っていることが多いので、悪い話題しか出てこないかもしれません。しかし、マルミヤ食品のように、相手がウィークポイントと認識しているところに、ビジネスチャンスのヒントが隠れているかもしれないのです。

いくらネガティブなことを聞いても、自分の頭で「本当にそうだろうか」と検証するクセをつけるようにしましょう。

ITEM
06
コンセプトやターゲットを明確化し ブランドを確立させる
金融機関はブランディングの土台づくりを

成功している企業はみな、自分たちの強みはどこにあるかを的確に把握しています。そして、それを効果的に打ち出す戦略にも長けています。自社の商品・サービスを求めるユーザーは誰なのかがしっかり見えていて、そのターゲット層のニーズを満たすための努力をあらゆる角度から行っています。

本当に必要とするユーザーが見えてくると、そこに照準を合わせた商品・サービスづくりができるようになります。それはつまり、顧客にとって価値のあるブランドを構築することにつながります。

コンセプトを明確にし、ターゲット層にその価値を理解してもらい、市場でのポジショニングを築くマーケティング戦略。それが、ブランディングの基本です。したがって**ブランドの確立は、中小企業や小規模事業者、個人事業主、商店店主など、あ**

らゆるビジネスにとって重要なテーマだといえます。

しかし、小さな会社では、まだまだブランディング戦略は浸透していません。「ブランドなんて大手のもの」といった意識があるようです。あるいは、「大事であることはわかっているけど、そこまで手が回らない」というところもあるでしょう。

そうした企業に対し、どんなサポートを行えばいいか。再び、実際の支援事例で考えていきましょう。

●ブランディングにより商品として飛躍させる

売れる商品づくりを行ううえでまず頭に入れておいていただきたいポイントが3つあります。

1. 真のセールスポイントを明確にする
2. それをもとにコンセプトを明確にする
3. ターゲットを絞る

これまでに述べてきたことと重なっていますが、それは、ブランドの構築にはこの3点が欠かせないからです。以下、この3点を意識しながら読み進めてください。

紹介するのは、静岡県牧之原市でイチゴを栽培する「イチゴイチエ石神農園」です。最初の相談内容は、ブランドに関することではなく、市場に出荷できない規格外イチゴを何とか活用できないかという内容でした。それまでは冷凍にして販売していたのですが、売れ行きが芳しくないとのことでした。つまり、冷凍イチゴの販路開拓が相談の目的だったわけです。

しかし、私はそのことには触れず、まず聞いたのは市場に出せるイチゴの販売についてでした。どこで売っているかがわかれば、顧客層も予測できます。冷凍イチゴの販路を考えるうえでも、もともとのイチゴの価値がわからなければ売れない。価値の高いイチゴであれば、冷凍の状態だとしても加工商品の開発や見せ方を変えることで売れるはずだと考えたのです。

ヒアリングの結果、8割を農協に卸していて、残りの2割は直販であることがわかりました。直販の内訳を聞いてみると、いちばん多いのは地元のスーパーで、ほかに松坂屋でも販売しているとのこと。松坂屋といえば、静岡では地域を代表する名門百貨店です。しかも、唯一「イチゴイチエ石神農園の紅ほっぺ」と生産者名を出して販売されていました。

それがいかにすごいことか、本人はあまりピンときていませんでしたが、プロのバイヤーが「特別なイチゴ」として認めたわけです。見た目も味も抜群だからでしょう。潜在的なブランド力は抜きん出ている。ただ残念なことに、一流百貨店が認めているおいしいイチゴだという価値がこの段階ではまったく伝わっていませんでした。パッケージも商品名も、ほかのイチゴと同じように並んでいたからです。

きちんと商品コンセプトからつくり、ブランディングすることによって、「石神農園の紅ほっぺ」は単なる紅ほっぺという品種のイチゴではなく、ひとつのブランド商品として飛躍できるに違いない。ブランド化を提案したのは、そうした理由からでした。

ここから先は、金融機関だけでは難しいかもしれませんが、ひととおりｆ‐Ｂｉｚでサポートしたことを簡単にまとめておきます。

1. 品種名ではなく、ブランドとしてのネーミングの考案
2. ロゴデザイン・パッケージデザインの刷新
3. SNSを活用した情報発信のサポート

第1章（42ページ）にも登場したｆ‐Ｂｉｚの杉本副センター長は広告会社の社長でコピーライターとしても活躍している人材で、実際のブランディング支援は彼を中心に行いました。商品名は栽培されている地域である「静波海岸」を冠した「静波レッド」に。「レッド」にはイチゴの濃い味をイメージさせました。近くの静波海岸がサーフィンのメッカであることから、サーフィンをするイチゴがあしらわれたロゴデザインを採用。その結果、首都圏からも注文が殺到し、いまでは、１００％直販体制となっています。

ブランド化した波及効果は大きく、菓子店などから「静波レッドのロールケーキがつくりたい」「静波レッドで和菓子を開発したい」などと、名前で売れる商品にまで成長しました。これぞブランド商品ならではの効果です。

恋い味、紅ほっぺ。
静波レッド

●ブランディングのため金融機関の行職員ができること

「それは小出さんだから、f-Bizだからできたことですよね」

講演などでこうした事例をお話しすると、たびたびこう言われます。たしかに、キャッチーなネーミングを考えたり、ロゴやパッケージなどのデザインを手がけることは、金融機関の一般の行職員には難しいでしょう。私だってそれはできません。

ただ、我々支援者に必要なのは、そうしたクリエイティビティではありません。ネーミングやデザインは、セールスポイントがはっきりしていなければいいものは生まれません。最近、デザインによるブランディングが注目されていますが、その大もとには、セールスポイントの発見、それにもとづいたコンセプトの構築、ターゲットの設定、そして市場でのポジショニングといったブランドの土台ともいえる要素がしっかり確立されていることが前提です。

我々がやるべきことは、その土台の構築です。さらにいえば、ブランディングの土台さえしっかりつくることができれば、そのあとのネーミングやデザイン、PR戦略などの部分は、そうした仕事を専門とする企業やクリエーターに任せればいいのです。

みなさんに対して、ブランディングのプロになれと求めているのではありません。

ブランドを確立するために必要不可欠なセールスポイントを発見すること。これこそが我々の使命であり、ブランディングも販売戦略もすべてここから始まるのです。

ITEM

07

公的支援制度を効果的に活用する

経営課題に合ったプロを探し出し、無料で派遣してもらうことも

ブランディングの過程で、コピーライターやデザイナーなどが必要になるように、さまざまな企業のサポートを行っていると、自分たちの知識や経験、専門性ではカバーできない場面にたびたびぶつかります。

そうした場合、f‐Bizでは、国や県の支援事業のなかで活用できる施策を見つけて相談企業に提案することがあります。なかでも**我々がよく活用しているのは、中小企業庁の企業支援ポータルサイト「ミラサポ」**です。

ご存知の方も多いと思いますが、これは中小企業、小規模事業者にとって有効な国や公的機関の支援施策の情報を提供しているサイトで、さまざまな専門家が登録しているので、経営課題に合ったプロを探し出し、無料で派遣してもらうことができます。

たとえば、食品の商品開発をする際、管理栄養士の派遣を依頼し、栄養学的にどう

かをチェックしてもらうとか、海外進出を考えている企業が、現地の事情に詳しい専門家に話を聞くといった活用が想定されます。

あるいは、製造業の企業の相談を受けるなかで、専門技術についてのアドバイスが必要だとなったときに、各県に設置されている工業技術センター（各県によって若干名称が異なる）を案内し、最適な研究者を紹介するといったケースもあります。

補助金や助成金をもらうことが目的ではない

また、企業にとって資金調達は重大なテーマ。事業を行ううえで国や県、各自治体の公的補助金や助成金を活用することが有効だと判断した場合は、積極的に利用するようすすめています。

たとえば、個人商店の店主が新商品を陳列するための棚を購入したいとか、販路開拓のためにDMを配布するといった場合、あるいは、新商品を販売するにあたりパンフレットを一新したい場合などです。

このように、小規模事業者が販路開拓や業務効率化のために資金が必要となったとき、国が支援する「小規模事業者持続化補助金」という制度を活用すれば、50万円を上限に補助金を得ることができます（平成29年7月現在）。

ただ、みなさんも注意していただきたいのは、**補助金や助成金をもらうことが目的ではない**ということです。それはあくまで、支援企業の本業を活性化するためのものであって、補助金ありきになってしまっては一時的に経営状態がよくなったとしても一過性で終わってしまいます。

我々のもとには、年間で７００社以上の中小企業・小規模事業者が相談にやってきますが、補助金をもらいたいとか、何か助成金はありませんかといった目的でやってくる方はあまり見られません。もし、事業の内容そのものの相談ではなくお金が目当てで来られる方がいたとしたら、その背景にある問題、課題を明確にし、それを解決することが重要であることを説明し、納得してもらってから着手します。

小規模事業者持続化補助金や「ものづくり補助金」と呼ばれる補助金は、専門家やコンサルタントが彼ら自身の売上げにつなげようとしてその申請を事業者に提案・サポートし、採択時の成功報酬として補助金額の10～15％を受け取るケースがあり、国の会議でも問題になっています。補助金を目当てにした相談がもちかけられたら、背景を確認したほうがいいでしょう。

大前提として、我々の仕事は、補助金や助成金の申請書作成の手伝いをすることではありません。果たすべき役割は、経営状態を最適に向上させるための戦略策定のサポートであり、そのために必要があれば公的支援制度も活用するというスタンスを忘れずに支援業務にあたるようにしましょう。

第6章

企業の目利き&コンサルのよくある悩みにこたえるQ&A

○○○○○●

私は全国の地銀、信用金庫、信用組合などから依頼を受けて、講演や研修を行うことがたびたびあります。そこで最後に必ず質疑応答の時間を設けているのですが、融資や渉外など現場の担当者ならではのさまざまな質問や相談をお受けします。

最終章では、そうしたなかから、みなさんが抱きがちな疑問や悩み、あるいはぶつかりがちな問題について、どう対応すべきかをQ＆A形式でまとめてみました。

顧客企業のサポートや、事業性評価の現場で大いに活用してください。

Q

取引先企業を支援する取り組みをいろいろとやりたいのですが、とにかく忙しく、日常業務で手いっぱいで時間がありません。どうしたらいいでしょうか？

A

企業支援で成果を上げられるかどうかは、時間の問題ではなく、ビジネスセンスがあるかどうかにかかっています。そしてビジネスセンスを磨くには、いつ、どんなときもアンテナを張っておくことが重要であり、それは忙しい中でも十分にできることです。

中小企業支援の領域において成果を上げる（顧客の売上げを伸ばす）ためには、本書でここまで詳しく説明してきた「ビジネスセンス」が不可欠です。

逆に言えば、ビジネスセンスが醸成されていない状態で企業の経営をサポートしてもうまくいきません。**「忙しくて時間がとれない」と言う以前に、問題はセンスがあるかどうか**なのです。

センスがなければ、どんなに時間に余裕があっても顧客の事業を成功に導くことはできません。逆に、ビジネスセンスがしっかりと醸成されていれば、短時間で相手のセールスポイントをずばり見抜くことができる――。これが、我々が身を置くビジネスコンサルティングの世界です。

したがって、**日常業務で手いっぱいで時間がないと嘆く前に、とにかく自らのビジネスセンスを磨く努力をしましょう。**

それは、勤務中だけの話ではありません。行き帰りの通勤時間、ちょっと立ち寄ったコンビニやスーパー、百貨店、ドラッグストア……日常生活のすべてで目にするもの、耳に入るもの、口にするもののなかに、ビジネスのヒントは隠れています。日常のありとあらゆるシーンで、頭の中でヒット商品の分析をしたり、自分だったらどうするだろうかとシミュレーションしてみる習慣がセンスを磨くことにつながるのです。

それは言うなれば自分自身を向上させる自己啓発であり、自分磨き。日々の積み重ねが、自分を成長させ、それが仕事の成果に結びついていく。これが実現できたら、最高に充実した金融マン人生を送れるのではないでしょうか。

Q ビジネスセンスを磨くコツを教えてください。

A ビジネスセンスを磨くキモは、「えっ」と思う感覚を研ぎ澄ませることです。

ビジネスセンスとは、人が何も感じないようなことでも、そこにビジネスのヒントがあると気づける感覚です。それを目にしたとき、聞いたとき、「えっ」と反応できるかどうか、ということです。

私の場合、世の中には面白いものがたくさんあるという前提で物事を考えていますから、つねに「何か面白いことはないかな」と探しています。

たとえば、首都圏では時折、一企業や一団体が電車全体を広告でジャックしていることがありますよね。有名な企業や商品であれば納得するのですが、まったく聞いたことのない会社や、一般向けではないＢｔｏＢ市場の会社が広告を車体に全面展開しているのを見かけると、「えっ、なんでこの会社が？」と驚くわけです。

疑問や驚きは絶対にそのままにしません。たとえば、そのときの広告は日本精工株式会社という上場企業のもので、創業100周年のキャンペーン広告だったのですが、ｆ・Ｂｉｚに戻ってすぐにリサーチしました。同社は、自動車をはじめパソコンや掃除機、建設機械や風力発電、さらには人工衛星まで、あらゆる機械の回転を支える「ベアリング」のトップメーカー。ベアリングといっても、我々がふだん目にすることはありませんが、それは動きのあるあらゆるものに組み込まれており、さまざまな機械の回転を、ひいては我々の暮らしを支えている重要な製品なのだと知りました。

100周年を記念した取り組みというと、イベントの開催、セレモニー、新聞広告などありきたりの手法が多いように思います。特にＢｔｏＢの製造業で、素材を作るような企業だと、100周年といっても、一般消費者の目に届くような企画はなかなか見られないでしょう。そんななかで、このキャンペーンはＪＲ車内、駅構内のポスター等あらゆるところに露出することにより、広くこれまでにないインパクトを与えており、同社のイメージアップにつながったと考えられます。

駅や電車内は、毎日たくさんの人が行き交う場所です。そうした車両ジャックの広告に限らず、電車の中吊りや車内映像、駅構内の広告などには、企業が力を入れてPRしたい商品やメッセージがあふれています。いま、どの企業がどんな商品に社運を賭けているか、消費者にどんな企業メッセージを、どのような方法で伝えようとしているのかをチェックすることは、ビジネスのアイデアをストックするのに役立ちます。

この電車広告の話はほんの一例ですが、要は、ビジネスセンスを磨くための時間を特別に設ける必要はないということです。通勤や移動中、自宅でテレビを観ているときなど、そうした**日常生活のなかでどれだけ意識を高く持っていられるかどうかがビジネスセンスを磨く要諦**です。

Q やはり流行や商品トレンドには詳しくなったほうがいいでしょうか。どうすれば詳しくなれますか？

A 「ビジネスのヒントを得る」という意識をもって、情報誌やテレビをチェックしましょう。

普段の生活のなかで常にアンテナを張っておくことが前提ですが、それにプラスして言えば、トレンドを集めたような雑誌、あるいはテレビ番組を注意してチェックするということだと思います。

金融マンであれば、経済の動きやビジネストレンドには敏感のはず。当然、日本経済新聞社のマーケティング専門紙「日経ＭＪ」が毎年6月と12月に発表する**「ヒット商品番付」**はご存知でしょう。その半年のヒット商品を振り返り、ランク付けする同紙の名物企画です。近年の番付については、日経電子版のサイトで検索すれば、発表されたときの記事を見ることができますので、ぜひ最新の年だけでもチェックし、**な**

ぜその商品が売れたのか自分なりに分析してみるといいでしょう。

ビジネスセンスを養うのに、ヒット商品番付の分析をすすめるのは、その年のビジネストレンドの集大成だからです。いま、何が流行っているのか、人々はどんな商品・サービスを求めているのか、上位5アイテムぐらいまでは頭にたたき込んでおくべきでしょう。そして、それぞれのヒット商品が生まれた背景や、どんな消費者ニーズにフィットしたのかを丹念に分析するのです。

たとえば、２０１６年12月発表のヒット商品番付では、横綱「ポケモンＧＯ」をはじめ、大関に「ピコ太郎」、前頭に「インスタ映え消費」「メルカリ」「ＳＮＯＷ」「フィンテック」などが入り、『スマホ×10代』とその日の新聞の見出しにもなっていたように、広く普及したスマートフォンこと〝スマホ〟とソーシャルメディアが消費にあたえる影響の大きさを改めて実感しました。

それで私は久しぶりに、総務省情報通信政策研究所が定期的に発表している「情報通信メディアの利用時間と情報行動に関する調査」を見てみたのですが、２０１７年夏に発表された統計で、20代は実に95％以上が、その前後の10代や30代、40代も80％以上、50代でも2人に1人の割合でスマホを利用しているという結果が出ていることを知りました。

消費者がインターネットで買い物をするEC市場の急速な伸びも、インターネットがこれだけ身近になったからこそなのだと腑に落ちました。

新聞・雑誌でいえば『日経MJ』『日経トレンディ』『DIME』などを。テレビ番組でいえば、NHK『おはよう日本』のなかの「まちかど情報室」。NHK‐BS1の『経済フロントライン』も、その名が示すように、旬の情報をいち早く取り上げてくれます。民放では、TBSの『がっちりマンデー‼』もトレンド情報が豊富ですね。テレビ東京の『ワールドビジネスサテライト』も押さえておきたい。特に「トレンドたまご」のコーナーは、情報が早いのでぜひチェックしていただきたい枠です。

こうした情報をつねに仕入れることを自分のルーティンワークに組み込むといいと思います。その積み重ねがビジネスセンス力になるのです。一つの情報を点で見るのではなく、継続的に追いかける習慣もつけたいですね。「時流を読む」力が鍛えられます。

「テレビを観る」という行為も、娯楽としてとらえるか、勉強だと思って意識するかで、その意味はまったく違ってきます。

経営者は、いま何が流行っていて売れているのかに敏感です。なぜなら、そこにビジネスチャンスが転がっているからです。経営者と面談するうえで、市場の動きやトレンドを把握できていなかったら、会話に大きなズレが生まれて、信頼を失う結果にもなりかねません。

特に金融機関の融資担当者は、自分に直接的に関係ないと思い込んでいるのか、ビジネストレンドを読めない人が多いように感じます。もしそう思っているとしたら、それは大きな勘違いです。顧客は、ビジネス動向に疎い人間に、自社の経営について相談しようとは考えないでしょう。

情報から、ビジネスチャンスの種を見つけ、顧客企業の売上げアップにつなげる。これが我々の使命です。新聞を読む、テレビを観る、まちを歩く、買い物をする、電車に乗る……。情報収集の場面は、じつは日常生活にあふれています。ビジネスセンスの高い人間は、ただ漫然とモノを見たり、読んだりはしていません。すべてが情報源であり、すべてがビジネスチャンスの種となるのです。

そういう意識でつねにアンテナを張り巡らせていると、おのずとビジネストレンドの傾向や消費者ニーズの移ろいなどが見えてくるようになります。

まずは、日経MJの「ヒット商品番付」の分析から挑戦してみてはいかがでしょうか。

Q 新聞は何をどう読めばいいですか？ 読み方のコツを教えてください。

A あらかじめ自分の関心のあるテーマを決めて、それに関連する情報を追いかけるといいでしょう。

銀行でM＆Aを担当していた頃は、主要な新聞すべてとビジネス専門紙、トレンド情報誌をくまなくチェックしていました。その頃に身につけた自分なりの「読み方のコツ」があります。

膨大な情報量と膨大なページ数があるなかで、そのすべてを読む必要はありません。まず、自分なりに関心のあるテーマを決めます。それは、金融に関する情報に限らず、どんなことでもいいのです。自分自身がいま追いかけたいビジネス情報で構いません。スイーツに関することでもいいし、家電情報でもいい。とにかく、**いくつかのテーマを決めておいて、それに引っかかる情報を追いかける**のです。

もちろん、自分の仕事や取引先企業にかかわる記事についてはしっかり読み込みます。地方創生の動向や中小企業に関する政策などは「自分の問題」として取り入れるべき情報といえるでしょう。

また、いまの時代を表すキーワードについては、しっかりチェックしておくことが大切です。たとえば、そんな言葉の一つに「ＬＧＢＴ」があります。性的マイノリティであるレズビアン、ゲイ、バイセクシャル、トランスジェンダーの頭文字を取った言葉ですが、金融機関からｆ‐Ｂｉｚに来ている研修生に聞いてみたところ知らないということでした。

毎日しっかり新聞を読んでいれば、ＬＧＢＴに関するニュースは頻繁に出ているので目に入るはずですが、興味を持って見ていないため読み飛ばしてしまっているのでしょう。これでは新聞を「見ている」だけで、「読んだ」とはいえません。

ＬＧＢＴの人たちは人口の８％といわれます。８％の市場と考えれば、そこに大きなビジネスチャンスが広がっていることがわかるはずです。彼らをターゲットにした金融商品や保険商品も考えられるでしょうし、不動産の分野でも新しい商品が生まれてしかるべきだと思います。

新聞を読み、情報収集をすることは、金融マンに限らず、すべてのビジネスマンにとって最低限の条件です。そこからさらに、企業支援に必要なビジネスセンス・目利き力を高めるには、とにかく**話題のビジネスやヒット商品の背景、「なぜブームなのか」「なぜ売れたのか」、その理由を探ることを習慣化する**ことが大事です。

Q　インターネットから情報を得るときの注意点を教えてください。

A　情報の正確性において信頼できるのは、企業のホームページと日経テレコンなどのデータベースサイト（大手メディアサイト含む）。それ以外は信憑性に欠けるものもあるので取り扱いは要注意です。

少し前になりますが、DeNAのキュレーションサイトに、医学的な根拠を欠いていたり、薬事法に抵触している可能性のある医療情報記事が多数あることが問題になりました。

ネット上の情報については、その特性上こうしたことが起こりやすいと言わざるを得ません。情報の正確性において、かなり信憑性に問題のある情報が氾濫してしまっているので、よほど注意しながら情報収集する必要があります。

ただし、ネット情報はすべて信頼できないということではありません。短時間で必要な情報を得られる効果は大きいですから、私自身、**信頼のおけるサイトを選んでそこから情報を取る**ようにしています。

特によく利用しているのは、新聞や雑誌などあらゆるメディアの記事を横断検索できるデータベースの「日経テレコン」です。有料サービスですが、そこに投資するだけの価値ある情報が蓄積されています。

また、**各企業のホームページのニュースリリース情報もよくチェックします**。大手企業が一般公開するリリースには、その商品の狙い・コンセプトやターゲット、開発の経緯、販売戦略のほか、ここまで見せていいの？　といった手の内を公表するようなことが書かれていることがあります。つまり、大手企業のリリースは「新商品開発の教科書」という意識で捉えていいと思います。その商品がヒットしたら、「ヒット商品の法則」がそこから読み取れるかもしれません。

ぜひ、取引先企業に対する提案の参考にしていただきたいと思います。

Q 販売支援などで取引先の力になりたいのですが、なかなかそこまでの相談をしてもらえません。

A 相手から経営の話を引き出すには、「話す価値のある人間」と思わせることにつきます。

どんな顧客も、経営上の課題や悩み、問題を抱えています。我々の役目は、それを相手から引き出すことです。では、どうしたら引き出せるのか。それには絶対的な前提があります。相手に「この銀行員は話す価値のある人間だ」と思わせることです。逆に「こいつに話しても意味がない」と思わせてしまったら重要な話を引き出すことはできません。

問題は、どうすれば「話す価値がある」と思ってもらえるかですが、私が実践していることをお教えしましょう。

それには、**相手企業の業界における最新のビジネストレンドを話題にする**のです。

たとえば、飲食店のメニューで視覚的インパクトが重要になっていること。SNS、インスタグラムの活用であっという間に評判が広がり、人気店になってしまう現象がおきている話題を出すと、相手は「よく知っているね」と驚きます。

あるいは、業界のことでなくても、**旬なビジネストレンドについて深掘りした話を持ち出す**のもいいでしょう。要は、いま、どんなビジネスが注目されているか、どんな商品・サービスがヒットしているか、そうしたビジネス動向について詳しい人間だと思わせること。そうすれば、相手は自分のことをビジネスパートナーとして認め、こちらの質問に対して積極的に答えてくれるようになります。

つまり、経営者はみな、「今より儲かりたい、よくありたい」という願望を持っています。彼らのアンテナに引っかかる「ビジネスに役立つ情報」を提供してあげれば、絶対にこちらの話に乗ってくれます。

ですから、その前提として、自ら情報武装しておくことが当然ながら必要になります。常に、**旬のビジネストレンドをできるだけたくさん頭に入れておき、相手の反応を見ながら関心を持ちそうな話題を提供する**。そうすれば、どんな経営者も必ず話をする姿勢になってくれるはずです。

Q コンサルティングでは「聞く力」が大事だとよく言われますが、企業に対して上手に質問を行うコツはありますか?

A 相手をリスペクトするスタンスを持つことが「聞く力」のスタートです。

第2章で述べた「相手をリスペクトする」という基本スタンスを思い出してください。とかく地域金融機関の場合、社会的には「銀行さん、銀行さん」とさも地位の高い存在のように扱われることが多いですから、**どうしても取引先企業に対して上から目線になってしまいがちです。まずはその意識を改めること**です。

企業経営者は、この厳しい時代に会社を経営し、挑戦を続けているわけで、リスペクトすべき存在だと言えます。対して、自分たち銀行員は一サラリーマン。その前提を忘れてはいけません。

そういうスタンスをもったうえで、やはり相手に「話す価値のある人間」だと思ってもらうことが「聞く力」のスタートです。くだけた表現をすれば、**「こいつと話を**

して面白い」と思ってもらえるかどうかです。冗談で笑わせる面白さではなく、ビジネス的な興味、知的好奇心を刺激する「面白さ」です。

当然ながら、問題点の指摘や否定的な物言いは絶対タブーです。相手を不愉快にさせ、こちらの投げかけに対してまったく反応してくれなくなってしまいます。やはり、よいところを発見し、そこをほめながら、話を膨らませていく。それがコンサルティングを進めるうえでの「聞く力」といえるでしょう。

Q

販促のアイデアについて取引先の社長にプレゼンを行うのですが、説得力のあるプレゼンを行うコツはありますか？

A

プレゼンに説得力を持たせる最大のカギは、ビジネス的な根拠を示すことです。

説得力のあるプレゼン。これはもう**ビジネス的な裏付け、根拠を示す**ことに尽きます。特に、確度の高い裏付けであればあるほど、説得力は高まります。

第2章で「相手を納得させる方法」として類似の成功事例を挙げるといいと述べましたが、これと同じことです。神棚のメーカーに対し、同じ系統の仏壇業界でヒットした商品を例に、具体的にどれくらい売上げが伸びたのかを調べて示す（第2章で紹介した「モダン神棚」のケースですね）。つまり、同じようにすればうまくいく可能性が極めて高いと見込まれる事例を裏付けとして提示するのです。

同じく第2章で紹介した天ぷら専門の椿油のケースも、裏付けにしたのは「最高級外資系ホテルのレストランが使っている椿油」ということでした。これは、ミシュランの三ツ星を持つレストランが使っている肉は最高の肉だと消費者が認識することと同じ効果を狙おうという戦略です。これ以上わかりやすく効果が期待できる裏付けはありません。

このように、**誰もが成功をイメージできる類似ヒットの例を裏付けとして示すこと**ができれば、プレゼンテーションに圧倒的な説得力を持たせることができるのです。

Q 取引先の新商品（新サービス）を紹介してもらえるよう、地元メディアに売り込みたいと考えています。いい方法はありますか？

A 優先すべきは、メディア対策ではなく魅力ある商品づくり。セールスポイントが明快、かつユーザーが本当に求める商品であれば、おのずとメディアにも注目されるはずです。

取引先が新商品や新サービスを開発したので、認知度を高めるためにメディアに売り込みたいという発想には重要なポイントが抜け落ちています。まずやらなくてはならないのは、メディアに掲載されることではなく、魅力ある商品・サービスにすることです。魅力のある商品・サービスであれば、メディアも取り上げてくれます。その順番を間違えてはいけません。

当該商品には、「画期的」「ユニーク」「役に立つ」……そうした驚きや利便性、快適性などの「魅力」が備わっているでしょうか。ユーザーが「こんな商品が欲しかった」

と求めるものでしょうか。まずそこをしっかりと検証し、商品の価値が効果的に伝わるような状態にすること、つまり、売れる状態にすることが本業支援にあたる金融機関のやるべきことです。

メディアに取り上げてもらうことは販売促進の有効な手段のひとつであり、メディア対策については第5章でも取り上げています。しかし、それは最初に取り組むことではありません。**まずは売れる商品づくりに徹すること。そうすればメディア掲載の可能性も高くなる。**そういう順番でサポートを行っていくことが大事です。

Q 人脈って大事ですか? どんな人脈を、どうやって広げていったらいいですか?

A ビジネスに生きる人脈は、仕事の幅を広げます。相手に「こいつとつきあうとメリットがある」と思わせる努力をしましょう。

一般企業に勤める会社員に比べて、銀行員の人脈というのは比較的狭いのではないでしょうか。かつて行員だった自分を振り返ってみてもそう感じます。営業を行っているなかでは、さまざまな業種の人たちとビジネス上の名刺交換はしていると思いますが、それが生きた人脈になっているかというと、疑問符がついてしまう気がします。

金融機関は業務外での顧客との接触を規制していることから、どうしてもクローズドな銀行という枠のなかでの人脈になりがちです。多くの金融機関では、行員に対してSNSの使用規制があるなど、いまや多くのビジネスマンがコミュニケーションツールとして活用しているソーシャルメディアが使えないケースもあり、人脈を広げにくい面もあるでしょう。

しかし、制限があるなかでも人脈を広げることは十分可能です。アフターファイブや週末の時間を使って、積極的に異分野の人たちとのネットワークを広げてほしいと思います。

これは銀行員時代の自分に対する反省でもあります。当時は、人脈が大事だなどと意識していませんでした。しかし、企業支援の専門家として活動するようになったいま、幅広いネットワークがいかに重要かひしひしと実感しています。金融業界以外に、お互いに信頼できるビジネスパートナーがいれば、何かあったときに協力してもらえますし、その相手を介してさらにネットワークが広がり、ビジネスの場において大きなパワーとなるのです。

単なる名刺交換ではそこまでの関係は築けません。相手の持っている強みとビジョン、お互いの共通点、これからの展望など、お互いを深く理解している関係性があって初めて、ビジネス的な可能性が広がります。

ですから、**まずは積極的に外に出てみる**ことです。いわゆる異業種交流会のような場でなくても、地域のさまざまな活動に参加するのでもいいと思います。自分が興味のある趣味の活動でもいいでしょう。そうした場に集まる人たちはみな何らかの仕事を持っていますから、思いがけない業種や、専門性の高いプロフェッショナルと知り合えるかもしれません。

しかし、知り合ったからといってそこで満足してはいけません。その出会いをビジネスの場で生かせるかどうかが大事です。そのためには、相手に自分とつきあうことでメリットがあると思わせること。「こいつと話しているとビジネスのアイデアが浮かぶ」とか「自分の知らないことをたくさん知っていて刺激を受ける」とか、単純に「楽しい」でもいいのです。**自分の存在が相手にプラスになることを与えられるかどうか**。これが「生きた人脈」を増やせるかどうかのカギになります。

Q 取引先の売上げ増強策を考えていたら、支店長から「そんなヒマがあったら融資をとってこい」と叱られました。どうしたらいいでしょう?

A

金融機関は本来、取引先の経営状況を改善することが第一優先順位であり、融資の数字はその結果として伸びるものです。ただ一方で、銀行員は営業マン。まずは数字を上げる努力をすべきでしょう。結果が出せていれば上司も認めてくれるはずです。

私は銀行員時代、ずいぶん自分の好きなようにやらせてもらいました。ほかの同僚が皆、上から指示された銀行業務の資格試験対策に懸命になっていた頃、私は自分で必要と判断した通信教育を受けてスキルアップを図ってきました。まわりからは「なんで小出だけ」と思われていたかもしれません。

しかし、私は入行したばかりの頃から、「自分がやりたいように仕事をするためには、絶対に数字を上げなければならない」と考え、つねに営業成績ナンバーワンを目指してきました。実際、支店内での営業成績はいつも上位でした。

金融機関はサービス業であり、そこで働く銀行員は営業マン。ですから、そこで**自分のやりたいことをやるためには、まず結果を出すこと**。そうすれば、取引先のためになることであれば上司も必ず認めてくれるはずです。

Q **以前、提案した販売促進策がまったく成果を生まず、社長に顔向けできない状況になったことがあります。そのときのことを思い出すと、積極的な提案ができません。**

A 失敗した時のリスクを最小限に抑え、かつ本人に意思決定させることを心がければ、相手に顔向けできないような状況にはならないで済むはずです。

どんなに一生懸命知恵を絞った提案でも、うまくいかないことはあるものです。どんなに時間をかけて練り上げたプランでも、実際にやってみないとどうなるかはわかりません。だからこそ、「リスクを最小限にする」ことが大事になってくるのです。

究極にリスクをゼロに近づけるにはどうすればいいか。ここまで読んでこられた方ならわかりますよね。そうです。「お金をかけない」ことです。金融機関にとってみると、それだと資金需要が生まれないことになりますから積極的になれないかもしれませんが、顧客にリスクを負わせて失敗するよりも、リスクを最小限に抑えての失敗のほうが傷は浅くて済みます。こちらの提案で失敗したとなると、相手から銀行の責任だとクレームを受け、トラブルに発展してしまう危険性があります。お互いにリスクを抑えるためにも、できるだけお金をかけずにすむ提案を心がけましょう。

もう一つ大事なのは、こちらの提案をやるかやらないかは相手の判断に任せること。これも前に述べたことですが、失敗した場合のリスク回避です。本人の意思を確認し、やりたいということであれば我々がサポートしますというスタンスを守っているかぎり、質問者のように「社長に顔向けできない」という状態にはならないはずです。

逆に言えば、いかにして顔向けできないような状態に持っていかないかを考えるべき。そのポイントが**「本人に意思決定させる」**こと、そして**「究極にリスクを抑えること」**の2点です。

Q

取引先が他行から、かなり費用のかかる売上げ増強策の提案を受けており、その内容を私にも教えてくれました。相当に無理のある内容です。どうしたらいいでしょう。

A

まずは、その取引先の考えを親身になって聞きましょう。そのうえで、自行からの提案を示し、比較検討してもらうようにします。

シンプルに考えましょう。こちらが見たときに、どんなにリスキーなプランだったとしても、本人がやりたいという意思が強ければ、横からそのやる気を奪うようなことは簡単には言えません。

ただし、そうしたなかで、当行であればもっと安全で売上げアップにつながる提案ができるかもしれないので、一度、話をさせていただけませんか、という持ちかけ方はすべきだと思います。

ですから、**まずは本人の意思の確認をする**ことが大事です。金融機関の人は、相手の話を聞くよりも、自分たちの提案を一方的に説明してしまいがちですが、それでは相手の信頼を得ることは難しいでしょう。

質問者の方は、「相当無理のある提案」をされている取引先の助けになりたいと思っているのですよね。そのためには、まず相手から信頼してもらうことが先決。この銀行員の話だったら聞いてみようと思ってもらえる状態をつくるのです。

そのためには、とにかく自分の話は後回しにして、相手の考えを親身になってじっくり聞くこと。他行の提案に対してどう思っているのか。うまくいくと思っているのか。やりたいという意思があるのか。あまり深く考えていないのか。見込みが甘いのか。強引なコンサルを受けて、渋々やらざるをえない状況なのか。すべては「聞く」ことでしかわかりません。

言葉だけでなく、相手の表情もよく観察してください。言葉では「やろうと思う」と言っていても、浮かない表情だったり、何か引っかかりがありそうだと感じたら、そこを解きほぐし、本音を探らなければなりません。

そうやって、相手の本心からの意思を確かめたうえで、自分たちの提案を初めて示すのです。

そこで注意していただきたいのは、**他行の提案そのものに対しての言及は避けるこ**

と。ましてや、「その提案はリスクが高いですからやめたほうがいい」などと否定することはタブー。その金融機関からクレームがくる可能性が高いからです。

いちばんいいのは、**自分たちの提案と相手の提案とを本人に比較検討してもらい、自分たちで選択してもらう**ことです。

つまり、この質問への答えは、相手の提案よりコストがかからずに、もっとパフォーマンスの上がる方法を必死で考えて提案する、ということになります。他行の提案については触れずに、「そういった方法もあると思いますが……」と自分たちの提案についてプレゼンするようにします。

取引先だって、できるだけリスクを負わずに売上げが向上するほうがいいに決まっています。いかにそういうレベルの高い提案ができるかどうか。それが結果的に取引先を救うことになるのです。相手は、よりよい提案をしてくれた銀行を高く評価するでしょう。

こうした一つ一つの努力の積み重ねによって、地域でいちばんの「選ばれる銀行」として光る存在になることができるのです。

COMPANY
SHOP
FACTORY

【著者紹介】

小出宗昭（こいで・むねあき）

株式会社イドム代表取締役。富士市産業支援センターf-Bizセンター長。1959年生まれ。法政大学経営学部卒業後、（株）静岡銀行に入行。M&A担当などを経て、2001年に創業支援施設「SOHOしずおか」へ出向、インキュベーションマネージャーに就任。

2005年、起業家の創出と地域産業活性化に向けた支援活動が高い評価を受け、「Japan Venture Award 2005」（中小企業庁主催）経済産業大臣表彰を受賞。2008年に静岡銀行を退職し、（株）イドムを創業。「富士市産業支援センターf-Biz（エフビズ）」の運営を受託し、センター長に就任、現在に至る。

静岡県内でも産業構造の違う３都市で計４か所の産業支援施設の開設と運営に携わり、1,300件以上の新規ビジネス立上げを手掛けた。そうした実績と支援ノウハウをベースに運営しているf-Bizは、国の産業支援拠点「よろず支援拠点」や愛知県岡崎市のOKa-Biz、広島県福山市のFuku-Biz、熊本県天草市のAma-biZなど各地の地方自治体が展開する○○-Bizの原点となるモデルである。

＜著書＞

『あなたの起業成功させます　創業支援施設「SOHOしずおか」の起業マネージャー奮闘記』（サイビズ）

『カリスマ支援家「小出宗昭」が教える 100戦100勝の事業サポート術』（近代セールス社）

『次から次と成功する起業相談所 人も企業も地域も生き返らせます！』（亜紀書房）

『小出流ビジネスコンサルティング 日本を元気にする切り札がここにある！』（近代セールス社）

『地元の小さな会社から「稼ぐ力」を掘り起こす ワンストップ・コンサルティングの実践』（同友館）

取引先を“稼ぐ企業”に変える方法教えます！
知恵で利益を生み出す取引先支援の極意

2017年10月25日　初版発行
2019年10月1日　第2刷発行

著　者――小出宗昭
発行者――楠　真一郎
発行所――株式会社 近代セールス社
〒165-0026
東京都中野区新井 2-10-11　ヤシマ1804ビル 4階
電　話（03）6866-7586
ＦＡＸ（03）6866-7596
装　丁――井上 亮
編　集――飛田浩康
編集協力――山田真由美
印刷・製本――株式会社アド・ティーエフ

©2017 Muneaki Koide
本書の一部あるいは全部を無断で転写・複写あるいは転載することは、法律で認められた場合を除き、著作権の侵害になります。

ISBN978-4-7650-2085-5